河出文庫

演劇とその分身

アントナン・アルトー
鈴木創士 訳

河出書房新社

目次

演劇とその分身

凡例

註は＊で記した。原註と表記していないものは訳者による註である。

序　演劇と文化

かつて、消え去ろうとしているのが生それ自体であるとき、これほど文明と文化について語られたことはなかった。そして頽廃の根本にあるこの全般化した崩壊とひとつの文化への配慮の間には奇妙な並行関係があるのだが、その文化はかつて生と一致したことはなかったし、しかもそれは生を牛耳《ぎゅうじ》るためにできているのである。

文化に立ち返る前に、私が考えるのは、世界は飢えていて文化のことなど気にかけてはいないということである。そして飢えのほうにしか向かない思考を文化のほうへ連れ戻そうとするのは、不自然であるということだ。

最も切迫しているのは、そんなものがあっても、よりよく生きることの、そして飢えの心配からけっして人間を救えなかった文化を擁護することより、飢えの力と等しい生き生きとした力をもつ観念を文化と呼ばれるものから引き出すことであるように私には思われる。

とりわけわれわれが必要としているのは、生きることであり、われわれを生かしめているものを、そして何かがわれわれを生かしめていることを信じることである——そしてわれわれ自身の不可思議な内部から出てくるものが、下品にも消化の心配にとらわれながらいつまでもわれわれ自身に戻ってきてはならないのである。

私が言いたいのは、われわれ全員にとってすぐに食うことが重要であるとしても、食べる心配だけにかまけて、飢えるというわれわれの単純な力を浪費しないことがより重要だということである。

時代の徴《しるし》が混乱であるとすれば、私はこの混乱の基盤に、事物とその表象である言葉や観念や記号との間の断絶を見ている。

たしかに足りないのは思考すべき体系ではない。これらの体系の数とその矛盾がヨーロッパとフランスのわれわれの古い文化を特徴づけている。だがいったいどこに、生が、われわれの生が、かつてこれらの体系によって影響を受けたのが見えるというのか。

私は哲学体系が直接ただちに適用されるべき事柄であると言おうとしているのではないが、しかし二つに一つなのだ。

ひとつは、これらの体系がわれわれのうちにあり、それを生きざるを得ないほどわれわれに滲み込んでいるのであれば、本などどうでもいいのではないのか。あるいは、それが滲み込んでいないのであれば、そんな体系などわれわれを生かしめるのにふさわしくなかったのであるし、それが消滅したところでいっこうに構わないのではないのか。

活動中であり、そしてわれわれのうちでひとつの新しい器官、一種の第二の息のようなものになるこの文化の観念を強調しなければならない。そして文明とは、実行された文化に属するものであり、われわれの最も微妙な行動、事物のなかに現前する精神にまで支配を及ぼすのであるが、文明から文化を分離するのは、そしてただひとつの同一の行動を意味するのに二つの言葉があるというのは不自然である。

人は文明人を、行動する仕方、そして行動するときの思考の仕方によって判断するが、しかしすでに文明人という言葉には混乱がある。誰にとっても、教養ある文明人とは、体系に通じ、体系、形、記号、表象において思考する人間のことである。

それは、行為を思考に一致させる代わりに、われわれの行為から思考を引き出すというわれわれのもつ能力を不条理に至るまで発達させてしまった一個の怪物なのである。

われわれの生に硫黄が、つまり恒常的な魔術が足りないのは、行為によって駆り立てられる代わりに、われわれの行為を眺めたり、われわれの行為の理想的な形態の考察にかまけたりして自分を見失うのが好きだからである。

そしてこの能力は人間特有のものである。それは人間的なものの伝染であって、神的なままであるべきだった観念を損なうものであるとさえ私は言うだろう。というのも超自然的なものや、人間がでっち上げた神性を信じるどころか、人間の千年以上にわたる干渉こそがついに神的なものを腐敗させたのだと考えるからである。

生についてのわれわれのすべての観念は、もはや生に加わるものが何もない時代において取り戻すべきものである。そしてこの痛ましい分裂が原因となって、事物が復讐を果たす。そしてもうわれわれのうちにはなく、事物のなかにもう再発見できないでいるポエジーが、突然、事物の悪い側面から再び現れる。それにいまだかつてこれほど多くの犯罪を見たことはなかったが、その根拠のない奇天烈さは、われわれが生を所有することができないという無能性によってしか説明できないのだ。

もし演劇が、われわれの抑圧に生を奪い取ることを許すためにできているとすれば、一種の残忍なポエジーが奇妙な行為によって表現されるのだが、その行為にあっては、生きるという事実の変質が、生の強度は無傷であり、それをよりよく導きさえすればいいということを証明している。

しかし、われわれがどれほど強く魔術を求めようと、結局のところ、われわれは真の魔術の徴のもとに発展していくようなひとつの生に恐怖を抱いている。

かくして、根づいてしまったわれわれの文化の不在はいくつかの壮大な異常さに驚きを覚えるのであって、例えば、現在の文明と接触をもたない離島を、健康な人間だけを乗せた一艘の船が通っただけで、この島では知られていない、われわれの国々の特産物である病気、帯状疱疹、インフルエンザ、流行性感冒、リューマチ、副鼻腔炎、多発性神経炎、等々の発症を引き起こすことができるのである。

そして同じように黒人からは悪臭がするとわれわれが考えるとしても、ヨーロッパでないものすべてにとっては、くさいのはわれわれであり、白人であることをわれわれは知らないのだ。そしてわれわれは白い臭いを放っているとさえ私は言うだろうが、それは「白い病」について語ることができるように白い。

白熱した鉄のように、度を越したものすべてが白いのだと言うことができるし、アジア人にとって、白い色というのは最も極端な腐敗の勲章となったのである。

それはさておき、文化のひとつの観念、まずはひとつの抗議であるひとつの観念を引き出すことができるようになり始めている。文化の観念を理解しがたい一種のパンテオンに単純化することによって、人がそれに押しつける馬鹿げた矮小化に対する抗議。このパンテオンは文化に偶像崇拝をもたらすものである、ちょうど偶像崇拝の宗教が彼らのパンテオンに神々を置くように。

あたかも一方に文化が、他方に生があるかのように、そしてあたかも真の文化が生を理解し、それを「行使する」ひとつの洗練された手段ではないかのように、人が自ら文化についてつくり出した分離した観念に対する抗議。

アレクサンドリアの図書館を燃やすことはできる。パピルスを超えて、パピルスの外に、諸力はある。しばらくの間それらの力を取り戻す能力をわれわれは奪われるだろうが、それらのエネルギーが抹殺されることはないだろう。そしてあまりに大きすぎる安易さが消えて、諸々の形が忘却のうちに沈むのは良いことであるし、空間も時間ももたず、われわれの神経容量が保つ文化が、増大したエネルギーとともに再び現れるだろう。しかも時おり大変異が起こるのは正しいことであるが、それはわれわれを駆り立てて自然に立ち返らせ、すなわちわれわれに生を取り戻させる。動物や、石や、雷を帯電した事物や、獣の臭いの浸み込んだ衣装などの古くからのトーテミズム、ひとことで言って、諸力を捕獲し、導き、その流れを変えるのに役立つものすべては、われわれにとって死んだ事物であり、そこからわれわれはもはや芸術的で静的な利益しか引き出すことができないのだが、それは享楽者の利益であって、行為者の利益ではない。

ところで、トーテミズムは行為者である、というのもそれは動くからであるが、しかもそれは行為者たちのためにつくられている。そしてどんな文化もトーテミズムの野蛮で原始的な手段を拠り処にしているのだが、私は野生の、つまり完全に自発的なその生を讃えたいと思っているのだ。

われわれに文化を失わせたのは、芸術についてのわれわれの西洋的な観念であり、われわれがそこから引き出す利益である。芸術と文化は、それに対してなされた世界的な慣例に反対して、一致して進んで行くことができないではないか！

真の文化はその熱狂とその力によって行動するが、芸術のヨーロッパ的理想は、力から切り離された、その熱狂を見物しているだけの態度のなかに精神を投げ捨てることを目指している。それは怠惰で無益な観念であり、近いうちに死を招く。蛇であるアステカのケツァルコアトルの複雑な輪郭が調和的であるとすれば、それは眠っている力の平衡と迂回を表しているからだ。そして諸々の形の強度はそこではひとつの力を誘い捕獲するためだけにあって、その力は音楽において悲痛な音域を呼び覚ますのである。

博物館のなかで眠る神々。異端審問所の三脚台に似た香炉をもつ火の神。花崗岩の壁に彫られた、さまざまな水の神のひとりであるトラロック。水の母神、花の母神。いくつもの水の層に護られた、緑の翡翠の衣をまとった女神の、不変にして鳴り響く表情。花の母神の歓喜と至福の表情、芳香がぱちぱちはぜ、太陽の原子が輪になって廻るその顔。ひとつの世界によって義務づけられたあの類いの服従、そこでは申し分なく打たれたが故に石が生命をもつし、それは有機的な文明人たちの世界なのだが、つまりその生命の諸器官は休息から抜け出すのだし、この人間の世界はわれわれのうちに入り込み、神々の踊りに加わり、われわれ自身のようにぼろぼろに崩れた塩の像にならないために、振り返りもしないし後ろも見ない。

メキシコでは、これはメキシコの話であるからだが、芸術などなく、事物が仕えている。そして世界は終わりなき熱狂のうちにある。

芸術についての無気力で無欲なわれわれの観念に対して、本物の文化は、魔術的にして、暴力的なまでに利己主義的な、つまり欲得ずくの観念を対比させる。というのもメキシコ人たちは「マナ」を捕獲するからであるが、それはあらゆる形のうちに眠っている諸力であり、それ自身のためになされる形の観想からは生じることができないが、しかしこれらの形との魔術的同一化から生じる。そしてトーテムは伝達を速めるためにそこにあるのだ。

何もかもがわれわれを眠らせようとするとき、意識して目を釘づけにして見ながら起きているのは、そしてそれが何の役に立っているのかもはやわからず、しかもその眼差しが内部のほうへ向けられた目でもって、夢でも見ているように見ているのはつらいものである。

無私無欲な行動という変わった観念が日の目を見るのはこんな風にしてなのだが、

しかしそれはともかく行動であり、休息への誘惑すれすれのところにあるだけにより暴力的である。

どんな真の肖像にもその影があり、それを二重にしている。そして形をつくる彫刻家がいわゆる影を解き放ったと思った瞬間から芸術は失墜するのだが、影の存在は彼の休息を引き裂くだろう。

ふさわしい象形文字が放出するあらゆる魔術的文化と同じように、真の演劇もまたその影たちをもっている。そしてすべての言語とすべての芸術のうちで、演劇は自らの限界化を打ち砕いた影をいまなおもっている唯一のものなのだ。最初から、影たちは限界化を我慢できなかったのだと言うことができる。

演劇についてのわれわれの石化した観念は、影なき文化についてのわれわれの石化した観念と再びひとつになるのだが、そこでは、どちらを振り返ろうとも、われわれの精神はもはや空虚にしか出逢わない、空間は満ちているというのに。

しかし真の演劇は、それが動き、生きた道具を使うからであるが、そこにあっては生が絶えずつまずいてきた影たちを揺さぶり続けている。俳優は二度と同じ身振りを繰り返さないが、しかし数々の身振りを行い、動いているし、しかもたしかに彼は諸々の形式を手荒に扱うのだが、これらの形式の背後で、それらの破壊をとおして、形式の後に生き残り、その継続を産み出すものと彼はひとつになるのである。いかなるもののなかにも存在しないが、しかしあらゆる言語、つまり身振り、音、話し言葉《パロール》、火、叫びなどを使う演劇は、まさに精神が自らの表出を生み出すためにひとつの言語を必要とする地点に再び戻るのである。

そして書かれた言葉、音楽、光、騒音といったひとつの言語のなかに演劇を固定することは、早晩、演劇の喪失を招くことになるし、ひとつの言語を選択することは、この言語の安易さに対する好みがあることを証明していて、しかも言語の枯渇はその限界化とともに起こるのである。

演劇にとっても文化にとっても、いずれにせよ問題は影を名づけ導くことである。そして演劇は、言語のなかに、そして諸々の形式のなかに固定されないし、事実によってまやかしの影を破壊するのだが、しかしそれは別の影の誕生への道を準備し、そのまわりに真の生の光景が凝集されるのだ。

生に触れるために言語を粉砕すること、これこそが演劇をつくり、あるいはつくり直すことである。そして重要なのは、この行為が神聖なまま、つまり運命づけられたままでなければならないと信じないことである。だが重要なのは、誰もがそれをできるわけではなく、それには準備が必要であると信じることである。

このことは、人間と人間の力能のいつもの限界化を拒絶するように仕向け、そして現実と呼ばれるものの境界を無限に広げるように仕向ける。

演劇によって一新された生の意味を信じなければならないし、そこでは大胆不敵にも人間は、いまだ存在しないものの主人となり、それを誕生させる。そして生まれていないものすべては、われわれが単なる記録装置のままであることに満足さえしなければ、生まれることができる。

それにまた、生という言葉を口にするとき、問題となっているのは事実の外側から識別される生のことではないと理解しなければならないが、しかしそれは、諸々の形式が触れることのない、こういった壊れやすく活動的な源なのである。そしてこの時代にまだ地獄のような真に呪われた何かがあるとすれば、火刑台の薪の上で燃やされ、合図を送る死刑に処せられる人々のようでいる代わりに、ぐずぐずと芸術的に諸々の形式にかかずらうことである。

演劇とペスト*

サルデーニャ島のカリアーリという小さな町の古文書のなかにある驚くべき史実の報告がある。

一七二〇年の四月の終わりか五月の初めのある夜、大型船グラン゠サン゠タントワーヌ号がマルセイユに到着し、その上陸と同時に都市の記憶を一気に芽吹かせたこの上なく不思議なペストの爆発が起こったおよそ二十日ほど前のことであるが、サルデーニャの王の代理であるサン゠レミーは、その限られた君主としての責任によって最も有害なペストに対しておそらく敏感になっていて、特別に痛ましい夢を

＊一九三三年四月六日、ソルボンヌで行われた講演の文章である。この講演は精神科医ルネ・アランディ博士によって企画された。

見た。彼は自分がペストに罹り、その小さな国がペストによって荒廃させられるのを見たのである。

この災禍が猖獗をきわめるところでは、社会の骨組みはだめになる。秩序は崩れる。彼は道徳のすべての潰走を、集団心理のすべての瓦解を目の当たりにし、自分のうちに体液のざわめきを聞くのだが、その体液は、壊滅のまっただなかで、痛めつけられ、物質があれよあれよという間に失われるにつれて重たくなり、少しずつ炭に変化していくのである。それなら災禍を祓うにはもう手遅れなのか？　たとえ破壊され、たとえ壊滅させられて、有機的に粉々になり、骨髄まで焼き尽くされても、夢で死ぬことはないのだし、不条理にいたるまで、起こるはずのことが否定されるまで、真実からつくり変えられた嘘の一種の変質にいたるまで、意志がそこで働くことを彼は知っているのだ。

彼は目覚める。サン＝レミーは、流布するあらゆるペストの風聞と、東洋からやって来たウイルスの瘴気を遠ざけるのが可能であることを示すことができるだろう。一ヶ月前からベイルートをあとにしていた一艘の船グラン＝サン＝タントワーヌ号は、通過の許可を求め、上陸することを申し出る。そのとき彼は気違いじみた命令を、民衆にも取り巻きたちにも、常軌を逸していて、不条理で、馬鹿げていると思われた命令を下す。直ちに、彼は汚染されていると判断した船のほうへ水先案内の小舟と数人の男たちを急がせ、グラン＝サン＝タントワーヌ号に対して、すぐさま舳先を廻し、帆をあげて町から離れなければ、大砲で撃沈するという命令を下すのだ。ペストに対する戦争。暴君は回り道しなかったのである。

ついでにこの夢が彼に及ぼした特別な影響力に注目しなければならないが、群衆の揶揄と取り巻きたちの不信にもかかわらず、その影響力があくまで自分の命令の過酷さにこだわることを彼に可能にしたのであるし、ただ人々の権利のみならず、人命の単なる尊重、国内的あるいは国際的なあらゆる種類の取り決めについて、死を前にすればそれらはもはや望むべきではないのだと見なしたからである。

何はともあれ、船は航行を続け、リヴォルノに着き、それからマルセイユの碇泊域に入ると、上陸が許可された。

ペストに汚染された積荷がどうなったのか、マルセイユの海運部局には何の記録も保存されていない。乗組員の水夫たちがどうなったかはほぼ知られていて、全員がペストで死んだわけではなく、各地に散っていった。

グラン＝サン＝タントワーヌ号がマルセイユにペストをもたらしたのではなかった。ペストはそこにあった。そして特別な再流行の時期にあった。しかしその発生源は突きとめられていたのである。

グラン＝サン＝タントワーヌ号によって運ばれたペストは東洋のペスト、本場のウイルスであり、それが近づき、町なかに伝播したとき、伝染病のとりわけ恐ろしい側面が現れ、全面的に燃え広がったのだ。

そしてこのことはいくつかの考えを吹き込む。

このペストはあるウイルスを再活性化させるようであり、それだけでほぼ同程度の被害を及ぼすことが可能であった。全乗組員のうちで、ペストに罹らなかったのは船長だけであるし、しかも新たにペストに罹った者たちは隔離場所に押し込められ、他の者たちと直接接触したとは思われないからである。グラン＝サン＝タントワーヌ号はカリアーリの近くを通り、サルデーニャにペストのお土産を置くことはないが、しかし王の代理は何らかの臭気を夢のなかで受け止めるのである。というのもペストと彼の間には、微妙であるにしろバランスのとれた伝達が生じていたことを否定できないし、このような病との伝達においては、単なる接触によって伝染が広がったとするのはあまりにも安易であるからだ。

しかしサン＝レミーとペストの関係は、彼の夢のなかでイメージとして解き放たれるには十分強力だったが、それでも彼のうちに病気を出現せしめるほど強力ではない。

何はともあれ、しばらくしてカリアーリの町は、驚くほど見識のある君主の専制的意志によって沿岸から追い出された船がマルセイユのペストの大流行の元になったことを知って、その事実を古文書にまとめたのであるが、誰もがそれを再び見つけることができる。

一七二〇年のマルセイユにおけるペストは、この災禍についてわれわれが所有するいわゆる臨床的な唯一の記録をもたらした。

しかしマルセイユの医者たちによって記述されたペストが、『デカメロン』を生んだフィレンツェにおける一三四七年のペストと同じものであったかどうかは疑問の余地がある。歴史書、聖なる書物、なかでも聖書、いくつかの古い医学概論は、あらゆる種類のペストを外側から描いているが、それらの書物は、その病気の特徴というより、ペストが精神のなかに残した人の気力をくじく信じがたい印象を記憶にとどめたようである。おそらくそれらの書物が正しいのだろう。というのもかりにウイルスという言葉が単なる便宜的な言葉とは別のものであるとすれば、シラクサを前にしてペリクレスがそれで死んだウイルスと、ヒポクラテスによって記述されたペストのなかに姿を現し、最近の医学概論が擬似ペストとするペストのウイルスとの間に、根本的差異があると立証することは医学には困難であるからだ。そしてこれらの同じ医学概論にとって、ナイルの萎みによってむき出しになった墓地から立ちのぼるエジプト由来のペスト以外に本物のペストはないのだろう。聖書とへロドトスは、一夜にしてアッシリア軍の兵士十八万人を殺し、こうしてエジプトを救った電撃的なペストの出現を一致して指摘している。その事実がほんとうであれば、この災禍を、われわれが運命と呼んでいるものとの密接な関係をもつある知的な力の直接的道具または物質化と見なさなければならなくなるだろう。

そしてこのことは、この夜、アッシリアの軍隊に襲いかかり、数時間のうちにその甲冑を食い荒らした鼠の大軍がいたかどうかには関係ない。その事実は、単なる政変をきっかけに、紀元前六六〇年に日本の聖都メカオで爆発的に起こった伝染病と比較すべきものなのだ。

南仏プロヴァンス地方における一五〇二年のペストは、ノストラダムスに治療師としての能力をはじめて発揮する機会を与えたが、それは政治的秩序においてもまた、王の失墜や死、地方都市の消滅や破壊、地震、あらゆる種類の磁気現象、ユダヤ人の集団移動といった最も深刻な激変と同時に起こったのであるし、政治的または宇宙的秩序においては、大災害や大荒廃の先に起こったり後に続いたりするのだが、それらを引き起こすそのうちのいくつかのものは、予測するにはあまりに馬鹿馬鹿しいものであるし、実際にその結果を期待できるほど邪悪ではない。

ペストについての歴史家や医者のいつもの習性がどうであろうと、この病気が一種の精神的実体であり、ウイルスによってもたらされたのではないという考えについては合意することができると思う。歴史や回想録がわれわれに紹介するペストの感染を仔細に分析したいなら、接触感染であるとほんとうに認められた唯一の事実、ボッカチオが引用した豚の例を抜きにして考えることは難しいだろうが、その豚たちはペスト患者がくるまれていた敷布の臭いをかいだために死んだのであって、これもまたせいぜい豚の肉とペストの本性の間の不思議な親和性を証明するのが関の山であるし、さらに詳細に調べなければならないだろう。

本物の病原体という観念が存在しないとしても、一連の現象を特徴づけるということでは一時的に合意できる形があるのだし、次のような仕方で記述されるペストについては意見の一致を見ることができるように思われる。

あまりに特徴的なあらゆる身体的または心理的不快感の前に、赤い斑点がからだじゅうに現れるが、病人が突然それに気づくのは、赤い斑点が黒くなるときでしかない。病人にそれを怖がる暇はないが、彼の頭は煮えたぎり、その重みによって巨大になりはじめ、彼は倒れる。そのとき彼をとらえるのは、恐ろしい疲労感、中心が磁化した呼吸による疲労、彼の分子が二つに分割され消滅に向かって引っ張られる疲労感である。彼の体液は動顛し、ぶつかり合い、からだじゅうを駆け巡るように思われる。胃は隆起し、腹のなかのものは歯の開口部から噴き出そうとしているみたいだ。脈はあるときは遅くなって、脈の潜在性、影のように有るか無きかの状態に至り、あるときは早駆けとなって、体内の熱の沸騰、精神からとめどなく流れ出す錯乱のあとを追う。この脈は心臓と同じように慌ただしく打っているが、強く、充満し、大きな音を立てるようになる。この目は赤く燃え上がり、それからどんよりする。この舌は喘ぎ、巨大でぶ厚くなり、まず白かったのが、赤く、それから黒くなり、炭のようになってひび割れるが、すべてが先例のない器官の嵐を告げているのだ。やがて体液は雷に打たれた大地のように縦横に行き交い、地下の嵐につき動かされた火山のように外への出口を探し求める。斑点の中央にはより焼けつくような点々が生じ、これらの点々のまわりで、溶岩の表皮の下の気泡のように皮膚が水疱となって持ち上がるが、それらの気泡は幾重もの円に取り巻かれ、白熱した天体のまわりの土星の輪のように、最後の円はリンパ節腫の一番外側を示している。

身体はくまなく踏破される。しかし火山が好みの地点をもつように、人間の身体の広がりの上にリンパ節腫も好みの地点をもっている。鼠蹊部から指の幅二、三本のところや、脇の下など、活発な腺が忠実にその機能を果たす貴重な場所にリンパ節腫は現れるが、そこから生体組織は、あるいは内部の腐敗を、あるいは場合に応じて生命を吐き出すのである。一点に局限された激しい動乱がたいてい示しているのは、中枢の生命は何らその力を失ってはおらず、病の小康状態、あるいは快癒さえもが可能であるということだ。蒼ざめた怒りのように、最も恐ろしいペストはその表情を外に漏らさないペストである。

ペスト患者の死体を開いても、損傷は認められない。生体組織の重たくなった不活性の老廃物を濾過する役目を負った胆嚢はぱんぱんになり、黒く粘つく液体ではちきれそうになって膨れるが、その液体はあまりに密度が高いので新しい物質を思い起こさせる。動脈や静脈の血液もまた黒く粘ついている。からだは石のように硬い。胃膜の内壁は無数の出血によって目覚めてしまったかのようだ。すべてが分泌の根本的無秩序を示している。しかしハンセン病や梅毒のように、物質の喪失も破壊もない。腸それ自体は最も出血をともなう無秩序の場所であるし、そこでは物質が前代未聞の度合いの腐敗と石化に達するが、器官としては冒されていない。胆嚢は、先の尖ったナイフや、半透明の硬い黒曜石でできた道具で、人身御供のときにやるように、そこに含まれる固まってしまった膿をほとんど引き剝がさねばならないが、その胆嚢は肥大してところどころ脆くなってはいても、無傷であり、不足した粒子はなく、目に見える損傷もなく、失われた物質もない。

それでもいくつかの症例では、損傷を受けた肺と脳は黒くなって、壊疽《えそ》にかかっている。肺は柔らかくなって、ぎざぎざになり、得体の知れない黒い物質のくず状になり、脳は溶け、ヤスリをかけられたようになり、粉砕され、粉々になって、黒炭の粉末のようなものとなって崩れる。

この事実から二つの重要な指摘が引き出されることになるが、ひとつは、ペストの症候群は肺と脳の壊疽がなければ完璧だということであり、ペスト患者は手足の一本も腐らずに一巻の終わりとなる。腐敗を過小評価するわけではないが、生体組織は特定の部位の身体的壊疽の現前を要求せずに死ぬことを決定するのである。

第二の指摘は、実際にペストに冒され損傷を受けたただ二つの器官である肺と脳は、意識と意志に直接従属しているということである。人は呼吸したり思考したりすることを我慢できるし、呼吸を速めたり、そのリズムを思いのままにしたり、それを意識したり意識しなかったり好きにできるし、二つの種類の呼吸の間の均衡を導くことができる。ひとつは自動的な呼吸であり、交感神経の直接的な命令下にあり、もうひとつは再び意識されるものとなった脳の反射神経に従っている。

同じように思考を速めたり、遅くしたり、リズムをつけたりすることはできる。精神の無意識的な働きを統制することはできる。肝臓による体液の濾過や、心臓と動脈による生体組織への血液の再分配を管理することはできないし、消化を抑えたり、腸からの物質の除去を止めたり速めたりすることはできない。したがってペストは、場所のなかにその存在を示し、人間の意志や意識や思考の近くにあって、それらが姿を現そうとしているすべての身体の部位、身体的空間のすべての場所を好むように思われる。

一八八〇年頃だが、イエルサンという名のフランスの医者が、ペストで死んだインドシナ人の死体を調べていて、顕微鏡でしか突きとめられない、頭がまるく尾が短いあれらのオタマジャクシのひとつを分離するのだが、彼はそれをペスト菌と名づける。私の見るところでは、それはもっと小さな、はるかに小さな、ウイルスの発達途上のある瞬間に現れるひとつの物質成分にすぎないが、それはいかなる点でもペストを説明するものではない。そしてすべてのペストの大流行が、ウイルスをともなうものであろうとなかろうと、どうして五ヶ月間続き、そのあと毒性が衰えるのか、しかも一七二〇年の終わり頃ラングドック地方を通ったあのトルコの大使が、アヴィニョンとトゥールーズを経てニースとボルドーを結ぶ一種のラインを、どのようにしてこの災禍の地理的展開の極限として示すことができたのか、この医者に教えてもらいたいものである。この点で出来事はトルコの大使が正しかったことを示したのだ。

こういったすべてのことから病の精神的相貌が際立ってくるのだが、その法則を科学的に明確にすることはできないし、地理的起源を限定しようとすることは馬鹿げている、というのもエジプトのペストは東洋のペストではないし、東洋のペストはヒポクラテスのペストではなく、シラクサのペストではなく、中世ヨーロッパが五千万人の死者を出した黒死病、フィレンツェのペストではないからである。どうしてペストが逃げようとする臆病者を襲い、死体を弄ぶ好色漢を生かしておくのか誰にも言えないだろう。どうして離れた場所にいることや禁欲や孤独は、疫病に冒された者たちに対して何の作用ももたらさないのか、そしてどうして馬にまたがった二人の仲間と淫蕩な七人の女信心家を連れたボッカチオのように、田舎に引きこもった放蕩者の一団が、ペストがおさまる暑い日々を静かに待つことができるのか。そしてどうして、その中に入ることを禁ずる武装した男たちの隊列とともに、軍の城塞に姿を変えたすぐ近くの城では、ペストがすべての駐屯部隊と居住者を死体に変えるのに、唯一伝染にさらされていた武装した男たちを生かしておくのか。同じように、前世紀の終わり頃、エジプトのペストの再発に際して、メフメト・アリが大軍を出動して打ち立てた防疫線が、修道院と学校と牢獄と宮殿を護るのに効果的であったこと、そして東洋のペストのあらゆる特徴を備えたペストの多くの発生源が、中世ヨーロッパにおいて、東洋とのいかなる接触ももたないさまざまな場所で、いきなり勃発したのかを説明できる者がいるだろうか。

これらの奇怪さ、これらの神秘、これらの矛盾とこれらの特徴から、生体組織と生命を分裂と痙攣に至るまで掘り起こす病の精神的相貌を構成しなければならないのだが、それは、強度を増し深く沈潜するにつれて、感受性の圏域に手段と豊かさを増していく苦痛のようなものである。

しかし鼠も菌も接触もなしにそれとともにペストが展開されるこの精神的自由から、私がいまから分析しようとしているある光景の暗く絶対的な作用を引き出すことができる。

ひとつの都市にペストが生じると、社会の正規の枠組みは崩れる、もはや交通路も軍隊も警察も市当局もない。たまたま手の空いている者たちが死体を焼くために薪の山に火をつける。どの家族も自分の薪を求める。それから木、場所、炎が少なくなり、薪をめぐって家族同士の戦いが起きるが、やがてみんな逃げてしまう、というのも死体の数があまりに多すぎるからだ。すでに死者たちは崩れかかったピラミッド状になって通りをふさぎ、それを動物たちが道端で齧っている。死体の臭いが空中に炎のように立ち昇る。道という道はことごとく死体の山でふさがれる。そのとき家々の戸口が開いて、精神は恐ろしい想像力でいっぱいになり、錯乱したペスト患者が悲鳴を上げながら通りに広がる。患者の内臓を責めさいなみ、彼らの全生体組織を駆けめぐる病は、精神によって花火となって解き放たれる。リンパ節腫も苦痛も錯乱も点状出血もない他のペスト患者たちは、自慢げに鏡に映った自分を見て、自分は健康ではち切れんばかりだと感じるが、手に髭剃り用の皿を持って、他のペスト患者への軽蔑でいっぱいになったまま結局は死んでしまう。

激しい不安と阿片の色をした、濃密で、胸が悪くなるような、滴り落ちる血の流れが死骸から噴き出しているのだが、その上を、蠟をからだに塗りたくり、一メートルもある長い鼻をつけ、ガラスの目をして、かたや水平で靴底のような形をして、かたや汚染された体液に触れないように垂直になった木の板を二重に組み合わせてつくった、日本の下駄のようなものの上に乗っかった奇妙な人物たちが、馬鹿げた連禱を朗唱しながら通り過ぎるのだが、その霊験の甲斐もなく彼らは猛火のなかに沈んでいく。あれらの無知な医者たちは恐れおののくばかりで自分たちの幼稚さを示しているだけである。

開け放たれた家々には、強欲な熱情で免疫ができたらしい下層民たちが入り込み、金目の物に手をかけるが、彼らはそれを金にしようとしても無駄であることにちゃんと気づいている。そして劇場が設営されるのはそのときである。演劇、すなわち現状に対して無駄で無益な行為に人を駆りたてる即時の無償性が。

最後に生き残った者たちは激昂し、それまでは従順で高潔だった息子が父を殺す。禁欲家は近親者たちの肛門を掘る。淫蕩な者は純粋になる。守銭奴は金貨を鷲づかみにして窓から投げ捨てる。戦争の英雄はかつて命がけで救った町を焼き払う。上品な者は着飾って死体捨て場の上を歩きまわりに行く。処罰がなくなったとか、死が近いという考えだけでは、死がすべてを終わりにできると信じていなかった人々にあって、これほど根拠のない馬鹿げた行為の動機にはならないだろう。そして病の癒えたペスト患者たちが、逃げるどころかその場にとどまり、死にかけの女たちや死んだ女たち、たまたまそこに紛れ込んだ山積みの死骸の下で半分押しつぶされた女たちからさえ、断罪されるべき性的快楽をもぎ取ろうとするこのエロティックな熱気の高まりをどのように説明するのか。

しかしこの熱狂的な無償性を現出させるために大災禍が必要であるとすれば、そしてこの災禍がペストと呼ばれるのであれば、おそらくわれわれの人格全体に関連してこの無償性が何をもたらすのかを探ることができるかもしれない。自らのうちに絶対的でほとんど抽象的な病のすべての傷跡をもち、物質の破壊もなしに死にゆくペスト患者の状態は、現実に対する効用なしに自らの感情によって余すところなく測深され、心を揺さぶられる俳優の状態と同じである。ペスト患者と同じく俳優の身体的様相におけるすべては、生が絶頂に反応したことを示しているが、それでも何も起こらなかったのである。

自らのイメージを追いかけて叫びながら走るペスト患者と自らの感受性を追いかける俳優の間には、それがなければ想像しようと思ったこともなかった登場人物たちからなり、しかも死骸と錯乱した精神病者の観客のまっただなかで登場人物たちを現実化する生きている者と、時ならず登場人物たちをでっち上げ、そして同じく生気がないか錯乱した観客に書物をでっち上げる詩人との間には、他にもいろいろと類似点があるのだが、それらの類似点は重要な真実だけを明らかにし、ペストと同じように、演劇の活動を本物の伝染の次元に置くのである。

身体的崩壊の強い状態と関連するペストのイメージが、尽き果てる精神の力の最後の花火のようなものであるのに対して、演劇におけるポエジーのイメージは、感性のなかでその軌道を開始し、現実を必要としない精神的力である。ひとたびその憤激のなかに投げ込まれたなら、俳優が犯罪を犯すのを思いとどまるためには、人殺しがそれを実行するのに必要な勇気以上の霊験を必要とするのだが、その無償性において、演劇におけるある感情の作用が、現実化した感情の作用よりはるかに価値ある何かであるように見えるのはまさにここなのである。

消耗する人殺しの憤激を前にすれば、悲劇俳優の憤激は純粋で閉じられた圏域のなかにとどまっている。人殺しの憤激がひとつの行為を成し遂げると、それは放出され、彼を鼓舞する力との接触を失うのだが、それ以後は彼に何かを供給することはない。憤激はひとつの形をとる、俳優のそれであるが、それが放出されるにつれて自らを否定し、普遍性のなかに溶け込んでしまう。

いまこのペストの精神的イメージを認めようとするならば、ペスト患者の混濁した体液は、ある無秩序の凝固した物質的側面と見なされるだろうが、その無秩序とは、他の次元では、出来事がわれわれにもたらす衝突と闘争と変異と瓦解に等しい。気違い病院のなかの精神病者の捌け口のない絶望と叫びがペストの原因だということがあり得ないことではないのと同様に、感情とイメージの一種の可逆性によって、政治的対立、自然災害、革命の秩序と戦争の混乱といった外部の出来事が、演劇の次元に移行し、それらを見ている者の感受性のなかに伝染力をもって放出されるのである。

聖アウグスティヌスは『神の国』のなかで、器官を破壊せずに人を殺すペストと、殺すことなく、ひとりの個人のみならずひとつの民族の精神のなかにこの上なく神秘的な変質を引き起こす演劇との間のこの作用の類似を非難している。「知るがいい」、と彼は言う、「それを悟らぬおまえたちよ、これらの舞台の戯れ、破廉恥きわまりない見世物は、人間たちの悪徳によってローマにおいて打ち立てられたのではなく、おまえたちの神々の命によるものであったということを。このような神々よりもスキピオン*にこそ神の敬意を表することはより道理にかなったこと

＊原註　大司教であるスキピオン・ナシカは、ローマの劇場を取り壊して平らにし、その地下倉を埋めるように命じた。

であろう。たしかに、神々は自分たちの司教ほどの値打ちもなかったのだ！……」

「肉体を殺したペストを鎮めるために、おまえたちの神々は舞台の戯れを己れのために奉納するように要求し、そしておまえたちの司教は魂を腐らせるこのペストを避けようと舞台そのものの建設に反対する。もしおまえたちにまだいくばくかの知性の光が残っていて、肉体より魂を好むのなら、どちらがおまえたちの崇拝に値するかを選ぶがよい。というのも、悪霊どもの企みは肉体における感染がおさまろうとしていたことを見越して、肉体ではなく風俗を攻撃するが故にはるかにずっと危険な災いを、このときとばかりに招き入れる機会を嬉々としてとらえるからである。はたして、見世物によって魂に生じる腐敗や盲目さときたら、ごく最近でさえ、ローマの略奪を逃れてカルタゴに身を寄せていた者たちが、この不吉な熱情の虜になって、毎日劇場に通っては我先に道化たちにうつつを抜かしていたほどなのだ」。

この伝染しやすい錯乱の正確な理由を明らかにすることは無駄である。神経組織が一定の時間が経つと最も微妙な音楽的振動に共鳴し、そこから一種の持続的変化を引き出すまでになる理由を探すのと同じようなものである。何よりも重要なのは、ペストと同じように、舞台の戯れがひとつの錯乱であり、それが伝染性のものであると認めることである。

精神は自分が見るものを信じ、信じることを行う。それは幻惑の秘密である。そして聖アウグスティヌスは、その文章のなかで、一瞬たりともこの幻惑の現実性を疑って撤回したりはしない。

しかしながら精神のなかにそれを幻惑する光景を生じさせるために見出すべき条件がある。そしてそれは単なる芸術の問題ではない。

というのも演劇がペストのようなものであるとしても、演劇が大きな集団に働きかけ、それを同じ意味で激変させるからだけではないからである。ペストにも演劇にも、勝利していると同時に復讐する何かがある。ペストが通り過ぎるところに燃え上がるあの自然発火、それがとてつもない清算とは別のものでないことに人はちゃんと気づいている。

かくも完璧な社会的災厄、これほどの有機的無秩序、この悪徳の氾濫、魂を急きたてとことんまで駆りたてるこの全面的悪魔祓いは、ある状態が現前することを示しているのだが、その状態とは他方では極端な力であり、そこには、自然が何か本質的なことを成し遂げようとするとき自然のすべての力能がむき出しのまま見出されるのである。

ペストは眠っている数々のイメージ、潜在的な無秩序を取りあげて、突如として最も極端な身振りにまでそれらを駆りたてる。そして演劇もまた身振りを取りあげて、それをとことん駆りたてる。ペストと同じように演劇は、あるものとないものの間、可能なものの潜在性と物質化した自然のなかに実在するものとの間を鎖でつなぐ。それは形象と象徴－類型の観念を再び見出すのだが、それらは突然目覚めさせられたわれわれの頭のなかに、休止符、延音記号、血流停止、体液の呼びかけ、イメージの炎症性の高まりのように作用する。われわれのうちに眠っているすべての対立を、演劇は形象や象徴の力でもって復元し、われわれが象徴として讃える名前をこれらの力に与える。そしてこうしてわれわれの前に、不可能な足踏みのなかでくんずほぐれつする象徴の戦いが勃発するのである。というのも不可能なものが実際に始まり、舞台を通り過ぎるポエジーが現実化した象徴を供給し過熱させてはじめて演劇があるからである。

熟してはいるが、それまでは隷属状態に置かれ、現実において使い途《みち》のなかった力の兆しであるこれらの象徴は、信じがたいイメージの外観のもとに炸裂し、本来は社会生活に敵対する行為に市民権と存在の権利を与えるのである。

真の戯曲は感覚の休息を覆し、抑圧された無意識を解放し、一種の潜在的な反逆に駆りたてるのだが、そもそも反逆はそれが潜在的なままである場合にだけ価値をもち得るのだし、集められた集団に英雄的で険しい態度をとらせるのだ。

かくしてフォードの『アナベラ（あわれ彼女は娼婦）』において、幕が上がるやいなや、われわれは近親相姦の不遜な権利要求に邁進する人物を見てあっけにとられるが、彼はそれを主張し正当化するのに意識的で、若者としてのすべての力をみなぎらせるのである。

彼は一瞬たりとも迷わず、ほんの一瞬もためらわない。そして彼は、それによって自分に立ちふさがるかもしれない障壁がいかに取るに足りないものであるかを示すのだ。彼はヒロイズムをもった犯罪者であり、大胆不敵にもこれ見よがしに英雄的である。すべてが彼をこの方向に駆りたてて奮いたたせ、彼にとっては天も地もなく、あるのは彼の痙攣的な情熱の力であるが、これに対して、これまた反逆的で、同じく英雄的なアナベラの情熱が間違いなく応えるのである。

「後悔の涙ではなく」、とアナベラは言う、「私の情熱を満足させられないのではないかと心配で泣いているのです」。彼らは二人ともくわせ者で、偽善者で、嘘つきであるが、それは法がおしとどめ、嫌がらせをする彼らの超人的情熱の利益のためであり、彼らはそれを法の上に置くだろう。復讐には復讐を、そして犯罪には犯罪を。彼らが脅かされ、追いつめられ、途方にくれるのをわれわれが見て、いまにも彼らを犠牲者として哀れみかけたとき、彼らが運命に対して脅迫には脅迫で、打撃には打撃でお返しをする覚悟ができているのが明らかになる。

われわれは彼らとともに行き過ぎから行き過ぎへ、権利要求から権利要求へと渡り歩く。アナベラは捕らえられ、姦通と近親相姦を認めさせられ、足蹴にされ、罵られ、髪をつかんで引きずられるが、それを見るわれわれの驚きをよそに、逃げ道を探すどころか、さらに死刑執行人を挑発し、頑固な一種のヒロイズムに浸りながら歌うのだ。それは反抗の絶対であり、絶え間のない、しかも模範的な愛であるが、われわれ観客を、それを止めるものは何もないという思いで不安のあまり息切れさせる。

反抗のなかに絶対的自由の一例を探すなら、フォードの『アナベラ』は、絶対的危険のイメージと結びつくこの詩的な例を提供してくれる。そしてわれわれが恐怖や、血や、ないがしろにされた法や、反抗によって聖化される詩の絶頂についに達したと思うとき、何もけっして止めることができない眩暈《めまい》のなかをわれわれはさらに遠くまで行くことを強いられる。

しかし最後に、われわれは思うのだが、これほどの大胆不敵さに対して、そしてこれほどの抗いがたい大罪に対して、報復や死があるのだと。ところが、そうではない。熱に浮かされた偉大な詩人に鼓舞される恋人ジョヴァンニは、報復を超え、犯罪を超え、筆舌に尽くせぬ一種の熱狂的犯罪によって、脅迫を超え、同時に法と道徳とあえて厚かましくも正義の味方を自認する者たちをうろたえさせるより大きな恐怖によって、恐怖を超えたところに自分を置こうとしているのである。

ひとつの罠が巧みに仕掛けられ、大饗宴が仕組まれるが、そこでは招待客たちのなかに殺し屋と悪徳警官たちが紛れていて、最初の合図で彼に飛びかかろうと待ちかまえている。しかし追いつめられ、途方に暮れたこの主人公は、愛に鼓舞され、誰にもこの愛を裁かせたりはしないだろう。

おまえたちは、と彼は言っているようだ、俺の愛の息の根を止めようとしているけれど、おまえたちの顔面にこの愛を投げつけるのは俺なのだし、この愛の血潮をおまえたちにぶっかけてやるし、この愛の高みにおまえたちが上ることはできないのだと。

そして彼は恋人を殺し、心臓を抉り出す、彼自身を客たちがたぶん貪り食おうと期待していた饗宴のまっただなかで、その心臓に舌鼓を打つためであるかのように。そして処刑される前に、彼はこの愛と自分の間にあえて立ちふさがった妹の夫である恋敵を殺し、しかもそれを最後の戦いで実行するのだが、そのときこの戦いは断末魔の最後の力を振りしぼっているように見えるのだ。

ペストと同じように、演劇はしたがって力のすさまじい呼びかけであり、その力は精神を実例によってその対立の源に連れ戻す。そして激情によるフォードの例は、ちゃんとそう感じとれるように、より壮大でまったく本質的であるひとつの仕事の象徴にすぎないのである。

「悪」の戦慄的な出現は、エレウシスの秘儀においてその純粋な形で与えられ、しかもそれはほんとうに啓示的であったし、一連の古代の悲劇の暗黒時代に呼応しているが、どんな真の演劇もそれを再び見出さねばならない。

本質的な演劇がペストのようなものであるとすれば、それは伝染するからではなく、それがペストと同じように啓示であり、前面に押し出すことであり、潜伏する残酷の背景を外部に向かって押しやることであるからだが、その背景によって、精神の邪悪な可能性は個人や民族に局限されるのである。

ペストと同じように、演劇は悪の時間であり、黒い力の勝利であるが、さらにもっと奥深い力が消滅に至るまでそれを補給する。

ペストのなかにも演劇のうちにも奇怪な太陽のようなものがあるが、それは異常に強烈な光であって、困難と不可能でさえ突然われわれの正常な要素となるように思われる。フォードの『アナベラ』は、ほんとうに価値あるあらゆる演劇と同じく、この奇怪な太陽の輝きのもとにある。それはペストの自由奔放さに似ているが、そこにあっては一歩一歩、一段一段、瀕死の者がその役割を膨らませ、また生きている者はそれにつれて荘厳で過度に緊張した存在となる。

どんなほんとうの自由も黒く、間違いなく性の自由と混じり合っているといまなら言うことができるが、その性の自由もまたなぜなのかはっきりわからないが黒い。というのもずっと前に、プラトンの「エロス」や、生殖の意味や、生命の自由は、リビドーの暗い装いのもとに消えてしまったからであるし、そのリビドーは、生きるという事実、自然で不純な活力をもって、生に向かってつねに刷新される力をもって、突進するという事実のなかにあるありとあらゆる汚れ、下劣、不名誉と同一視される。

そういうわけですべての偉大な神話は黒いのだし、あらゆるすさまじい「寓話」を殺戮や、拷問や、流血の雰囲気の外に想像することはできないが、その「寓話」は天地創造のなかに現れる性の最初の分割と最初の核心的殺戮を物語るのである。

演劇は、ペストと同じく、この殺戮、この本質的分離にならう。それは諸々の対立を解決し、諸力を解き放ち、いくつもの可能性を始動させるが、もしこれらの可能性とこれらの力が黒いものであるとしても、それはペストや演劇の落ち度ではなく、生の落ち度なのだ。

ありのままの、そして人がわれわれにそれを為したとおりの生が、多くの熱狂の主題を提供するとはわれわれは見ていない。ペストによって、集団的に、精神的でも社会的でもある巨大な膿瘍が膿を出すのだと思われる。ペストと同様に、演劇は膿瘍の膿を出すためにできている。

聖アウグスティヌスが言うように、社会の本体のなかに投げ込まれた演劇の毒はそれを風化させるかもしれないが、演劇はそれをペストや、復讐としての災禍や、救済としての疫病のように行うのであって、信じやすい時代はそこに神の御手を見ようとしたが、それはどんな身振りもひとつの身振りによって、どんな行動もひとつの行動によって帳消しになるという自然の法則の適用とは別のものではない。

演劇もペストもひとつの危機であり、死か治癒によって解決される。そしてペストは卓越した病であるが、なぜならそれは完璧な危機であり、その後には死か極限の浄化以外に何も残されてはいないからだ。同じように演劇はひとつの病であるが、なぜならそれは至上の均衡であり、破壊なしにそれは獲得されないからだ。演劇はそのエネルギーを高揚させる錯乱へと精神を誘う。そして最後に、人間的観点からすれば、演劇の活動はペストのそれと同じく恩恵をもたらすものであるのを見てとることができる、というのもそれは人間たちを駆り立てて自分たちにあるがままの姿を見させ、仮面を剝ぎとり、嘘や、無気力や、下劣さや、偽善を暴くからである。

それは最も明白な与件に至るまで感覚をとらえる物質の人を窒息させる不活性を揺さぶり、集団に対して彼らの暗い力能や隠れた力をあらわにし、運命を前にして、それがなければけっしてもつことがなかった英雄的で卓越した態度をとるように集団を促すのである。

そしていま提起される問いは、気づかぬうちに滑り落ち、自殺する世界のなかで、演劇の上位の観念を強いることができる人間たちのひとつの核が見出されるかどうかを、それがもうわれわれの信じていない諸々の教義のもつ自然と魔術と同等のものをわれわれ全員に返してくれるかどうかを知ることである。

演出と形而上学＊

有名か無名かは知らないが、ルーヴル美術館に前ルネッサンス《プリミティフ》画家の一枚の絵画があるのだが、しかしその名前が芸術の歴史の重要な一時代を代表することはないだろう。このプリミティフの画家はルーカス・ファン・ライデンと呼ばれていて、私の意見では、彼の後に到来した四、五百年の絵画を無用で無効なものにしている。私の語るカンバスは『ロトとその娘たち』と題されていて、その当時に流行した聖書の題材である。なるほど中世では、今日われわれがそう理解しているようには聖書を理解していなかったし、しかもこのカンバスはそこから引き出すことのできる神秘的推論のひとつの奇妙な例である。その悲壮さはとにかく遠くからでも目を引

＊一九三一年十二月十日にソルボンヌで行われた講演。

くし、一種の電撃的な視覚的調和によって精神を打つし、つまりその鋭さは一瞥においてて作用し、そこに集中するのである。何が問題となっているのかを見ることができる前でさえ、そこでは何かしら偉大なことが起きているのを感じるし、目と同時に耳までもが揺さぶられるようである。高度な知的重要性をもつひとつのドラマが、突然雲が集まるように寄せ集められているように見えるのだが、その雲を、風が、あるいはよりはるかに直接的な運命がその雷を予測するようにけしかけたのだろう。

そして実際、タブローの空は黒く垂れ込めているが、しかしドラマが空で生まれているのを見分けることができる前でさえ、空で起きていたのはこのカンバスの特殊な光の当て方であり、雑然とした諸々の形の堆積であり、遠くから立ちのぼる印象であって、そういったことすべては一種の自然のドラマを告知していて、私は古い時代のいかなる絵画もこれに匹敵するものをわれわれに提示できるとは思わない。

天幕が海のほとりに建てられていて、その前には鎧をまといこの上なく美しい赤色の髭をたくわえたロトが座り、娘たちが動き回るのを見ているが、あたかも娼婦たちの宴に加わっているかのようである。

そしてなるほど彼女たちは、ある者は家庭の母として、別の者は女戦士として気取って歩き回り、互いに髪を梳かし、武器の準備に余念がないが、まるで彼女たちは、父を喜ばせ、玩具や道具の役目を果たすことだけを目的としているかのようなのだ。こうして古い主題のもつ深く近親相姦的な特徴が現れるのだが、ここで画家はそれを情熱的なイメージとして発展させている。彼がまるでひとりの現代人のように、つまりわれわれ自身がそれを理解できるように、その深い性表現を絶対に理解した証拠である。深いが、しかし詩的なその性表現の特徴をわれわれと同様に彼が見逃さなかった証拠である。

タブローの左側、やや後景のあたりに、驚異的な高さに黒い塔が聳え、それを土台のところで支えているのは岩や、植物や、境界石の跡があるジグザグの道の体系全体であり、あちこちに家々が点在している。そして遠近法の恵まれた効果によって、これらの道のひとつがそこに紛れ込んでいた雑然とした堆積から不意に抜け出し、橋を渡って、雲間から漏れこの地方に不規則に降り注ぐあの嵐の光の光線を最後に浴びる。カンバスの奥にある海は極端な満潮で、しかも空の片隅で沸き立つあの火の錯綜を考えると極端に静かである。

花火のぱちぱちいう音のなかで、星々や、火箭《ひや》や、太陽爆弾の夜の砲撃をとおして、風景のいくつかの細部が夜の上に浮き出し、幻覚的な光のなかにあらわになって見えることがある。木や、塔や、山や、家、その光の当たり方とその出現は、われわれの精神のなかで耳をつんざく轟音の観念と結びついたままだろう。風景のさまざまな様相がそれ固有の光をもっていながら、それでもいわばゆっくりとした谺《こだま》のように、火から生まれ、火の破壊力のすべてを行使させるためにそこにある生きた目印のように、その諸様相が火との関係を保ったままであると言うことによる以上に、風景のさまざまな様相が空に現れた火に服従しているのをうまく言い表すことはできない。

しかもこの画家が火を描くやり方には何か恐ろしいほどエネルギッシュなところがあり、さらに固定された表現のなかでまだ活動し動いている要素のように、人を当惑させるところがある。どんな手段によってこの効果が達成されたのかはどうでもいいことであるし、その効果は現実的である。それを納得するにはカンバスを見るだけでいい。

何はともあれ、そこから漂ってくるこの火の知性的で悪意に満ちた印象を誰も否定することはないだろうが、まさにその暴力によって、それ以外のものの物質的で重苦しい安定性に対してこの火は分銅の役目を果たしている。

海と空の間、ただし右手のほうに、遠近法における黒い塔と同じ平面に、瓦礫となった修道院をいただく細い岬が突き出ている。

この岬は、あまりに近いのでロトの天幕が立つ海辺の一部のように見えるが、大きな湾に場所を譲っていて、そのなかでいまだかつてない海難が起きたのだと思われる。まっぷたつになった、いまだ沈みきらない船が、まるで松葉杖にすがるように海によりかかっていて、もぎとられた帆柱とその円材がいたるところに浮かんでいる。

ただの断片にすぎない一艘か二艘の船の眺めから漂う災厄の印象が、どうしてこれほど全面的であるのかを言うことは難しいだろう。

どうやらこの画家は、線の調和に関わる秘密に通じていて、この調和を直接脳に身体的反応体として作用させる手段を知っていたらしい。ともかく外側の自然と、とりわけ表現の仕方のなかに広がるこの知性の印象は、カンバスの他のいくつかの細部において目につくのだが、証拠としては、八階建ての家の高さにある海の上に聳える橋があるし、そこを人物たちが列をなしてプラトンの洞窟のなかのイデアのように進んでいる。

このタブローから引き出される諸々の観念は明瞭であると主張することは間違いだろう。それらの観念はいずれにせよある偉大さをもっているが、描くことしかできない絵画、すなわち何世紀にもわたる絵画は、われわれにとってそれを馴染みのないものにしてしまったのである。

ロトとその娘たちの側には、付随的に性と生殖についてのひとつの観念があるが、そのロトはまるで他人のものを掠め取る盗人のように娘たちをみだりやたらに利用するためにそこに置かれたらしい。

それはこの絵画の含みもつほとんど唯一の社会的観念である。

他のすべての観念は形而上学的である。こんな言葉を口にするのはとても残念であるが、しかしまさにそうなのである。そしてそれらの観念の詩的な偉大さ、われわれに及ぼす具体的効果は、それらが形而上学的であることと、それらの精神的深みがタブローの形式的で外面的な調和から切り離せないことから来ている、と私なら言いさえするだろう。

さらに「生成」についての観念があるが、風景のさまざまな細部と、それらが描かれ、それらの平面が消滅したり連結したりする仕方が、音楽がそうするのと絶対に同じようにわれわれに対して精神のなかにこの生成を導入する。

もうひとつ「宿命」についての観念があるが、それはあの突然の火の出現によってというより、すべての形態がこの火の上で組織されたり解体されたりするその荘厳な仕方によって表現されていて、ある形態は抵抗できない恐慌の風を受けてたわみ、他の形態は動かず、ほとんど皮肉な様子であるが、すべては力強い知的調和、外在化されているように見える自然の精神そのものに従っている。

さらに「カオス」についての観念があり、「驚異」について、「均衡」についての観念がある。「言葉」の無力についての観念さえ一つか二つあるが、極度に物質的でアナーキーなこの絵画は言葉の無用さをわれわれに証明している。

ともかく私が言っているのは、この絵画は、それに属している言語を演劇が語ることができるなら、演劇がそうあるべきものであるということだ。

そして私はひとつの問いを提起する。

どうして演劇では、少なくともわれわれがヨーロッパにおいて、それどころか西洋において知るような演劇では、典型的に演劇的であるものすべて、すなわち話し言葉《パロール》による、語による表現に従わないものすべては、あるいはなんなら対話（そして舞台上の音声化の可能性、さらにこの音声化の要求に応じて考えられた対話それ自体）のなかに含まれないものすべては、背後に放っておかれることになるのか。

しかもどうして西洋の演劇は（私は西洋と言うが、幸いなことに東洋の演劇のように他の演劇もいろいろあるのだし、それらは演劇の観念を無傷のまま保つことができたからだが、それにひきかえ西洋においてこの観念は、他のものも全部そうだが、身売りしてしまったのである）、どうして西洋の演劇は対話劇とは別の角度から演劇を見ないということになるのか。

対話——描かれ、語られたもの——は典型的に舞台に属してはいないし、それは本に属している。そしてその証拠に、文学史の教科書において、分節言語の歴史の一枝葉と見なされた演劇にひとつの場所があてがわれているのである。

私が言っているのは、舞台とは身体的で具体的な場所であって、それを満たすこと、しかもそれに自分の具体的言語を語らせることを求めているということである。

私が言っているのは、感覚に向けられ、話し言葉から独立したこの具体的言語は、まず五感を満足させなければならず、言語のためのポエジーがあるように感覚のためのポエジーがあるのだし、私がほのめかしているこの身体的で具体的な言語が真に演劇的であるのは、それが表現する思考が分節言語から逃れる限りにおいてであるということだ。

話し言葉が言い表せない思考、そして話し言葉によるよりも舞台の具体的で身体的な言語のなかに理想的な表現をはるかにうまく見つけるかもしれないこれらの思考とは、いったい何なのであろうか。

この問いにはもう少し後で答えよう。

最も急を要するのは、この身体的言語が、それによって演劇が話し言葉から区別できる物質的で固体的なこの言語が、何から成っているかを確定することであるように思われる。

それは、舞台を占めるもののすべてのなかに、舞台の上に自らを現し、物質的に自らを表現することができるもの、しかも話し言葉による言語のようにまず精神に訴えかける代わりにまずは感覚に訴えかけるもののすべてのなかにある（語もまた音声化の可能性を、抑揚と呼ばれる空間のなかに自らを投影するさまざまなやり方をもっていることは私も承知している。それに演劇における抑揚の具体的価値について、この能力については言うべきことがたくさんあるのだが、語にもまた、それらの具体的意味から独立し、しかもこの意味に反しさえし得るやり方、それが発音されるやり方にしたがって、音楽を創造する能力がある——言語の下に印象や、照応や、類推の地下水脈を創造する能力のことだが、しかし言語を考察するこのような演劇的なやり方は、劇作家にとってすでに副次的言語のひとつの側面であり、特に今日では、戯曲を作成するにあたって劇作家はそれをもはや考慮に入れたりはしない。したがって次へ移ろう）。

感覚のための言語はあらかじめそれを満足させることを引き受けなければならない。だからといってそれは次にその知的帰結をあらゆる可能な面であらゆる方向において発展させることを妨げない。そしてそのことが可能にするのは言語のポエジーを空間におけるひとつのポエジーに置き換えることであり、それはまさしく厳密に語には属さないものの領域に帰着するだろう。

たぶん私の言いたいことをよりよく理解するには、語のイメージと同等の、いわば物質的イメージを創造できる、この空間におけるポエジーのいくつかの例をあげるのがいいだろう。これらの例はもう少し後で見ることにする。

きわめて難解で複雑なこのポエジーはいくつもの側面を帯びている。まずそれは舞台で使えるすべての表現手段の側面を帯びるが、*音楽、ダンス、造形、パントマイム、物まね、ジェスチャー、抑揚、建築、照明、そして舞台装置といったものである。

これらの手段ひとつひとつには、それ自体がもつ内在的なポエジーがあり、それに続いて他の表現手段が組み合わされるその仕方に由来する一種の皮肉なポエジーがある。そしてこれらの組み合わせ、反作用、相互破壊の帰結は容易に目に入る。

もう少し後でこのポエジーに戻るつもりであるが、このポエジーがその効力のすべてをもつのは、それが具体的である場合、すなわち舞台上の能動的現前によって客観的に何かを生み出す場合だけである――バリ島の演劇におけるように、ひとつ

＊原註　それらの表現手段が、舞台が提供する直接的な身体的可能性を利用できることが明らかになる限りにおいてであるが、それは芸術の硬直した形式を生き生きとして危険を孕んだ形式にとって代わらせるためであり、その形式によって儀式的な古い魔術が演劇という面で新しい現実を見出すことができるのだ。つまりそれらの表現手段が舞台の身体的誘惑と呼ばれるものに譲歩すればの話である。

の身振りと同等のひとつの音が、ひとつの思考の背景や伴奏の役目を果たす代わりに、それを進展させ、導き、破壊し、あるいは決定的にそれを変化させてしまう、等々の場合である。

空間におけるこのポエジーの形態は――すべての芸術のなかに見出されるような、線、形、色、生《き》の状態にあるオブジェの組み合わせによって創り出される形態とは別に――記号によって言語に属している。そしてできれば、話し言葉から離れた純然たる演劇言語のこのもうひとつの側面について、記号によるこの言語、堕落していないいくつかのパントマイムのなかに存在するような、表意的価値をもった身振りと態度によるこの言語についてしばらく話をさせてもらいたい。

「堕落していないパントマイム」とは直接的なパントマイムという意味であり、せいぜい五十年ほどしか経っていないのに古びてしまったわれわれヨーロッパのパントマイムは、イタリア喜劇の無言部分の変形にすぎないのだが、そのパントマイムのように、そこでの身振りは、語や文章の本体を表現する代わりに、観念や精神の態度や自然の様相を表現していて、それは効果的で具体的な手法によっているが、つまり木の上にとまったすでに片目を閉じた鳥がもうひとつの目を閉じ始めることによって夜を表現するあの東洋の言語のように、つねに事物や自然の細部を喚起するのである。そして抽象的なもうひとつの観念、あるいは精神の態度は、聖書のおびただしい象徴のいくつかによって表現される。例えば、駱駝が通り抜けることができない針の穴といったものである。

これらの記号が本物の象形文字を構成していることがわかるが、それらの象形文字を形づくるのに寄与する限りにおいて、人間はありきたりのひとつの形態にすぎないのだが、それでもその二重の本性によって、人間はそれに特異な威信をつけ加えるのである。

精神に対して強度の自然的（または精神的）ポエジーのイメージを喚起するこの言語は、分節言語から独立した空間のなかでは、ひとつのポエジーが演劇にとって何であり得るのかという観念をもたらすのだ。

この言語とそのポエジーが何であれ、私が注目するのは、話し言葉の排他的独裁のもとに生きているわれわれの演劇において、この記号とジェスチャーの言語、この沈黙のパントマイム、これらのポーズ、これらの宙の身振り、これらの客観的抑揚、要するに私が演劇において特徴的に演劇的と見なすものすべて、台本の外にあるときのこれらの要素すべては、誰にとっても演劇の低俗な部分であるということであって、人はそれをいいかげんに「芸のうち」などと呼んで、演出や「舞台化」という意味に理解しているものとそれらを混同しているのだが、演出という言葉に、もっぱら衣装や照明や舞台装置に属するあの芸術的で外面的な華美が結びつけられていないとしたらまだしも幸いである。

そしてこのような見方、まったく西洋的で、というかむしろラテン的で、つまり意固地だと私には思える見方とは反対に、この言語が舞台から発し、その有効性を舞台上の自発的創造から引き出す限りにおいて、語を介在せずにそれが直接舞台と格闘する限りにおいて（それにどうして直接舞台の上でつくられ、舞台の上で実現される芝居を想像しないのだろうか）――、演出こそが、書かれ話された戯曲よりもはるかにずっと演劇なのだと私なら言うだろう。私の見方とは対立するこの見方のなかにあるこのラテン的なものが何であるのか、はっきりさせろとおそらく人は求めるだろう。そこにあるラテン的なものとは、語を使って明瞭である観念を言い表す欲求である。というのも私にとって明瞭な観念などというものは、演劇においても他のどんなところでも、死んで、終わった観念であるからだ。

舞台化と舞台という数々の障害にぶつかりながら、直接舞台からつくられる芝居という観念は、行動的な言語、行動的でアナーキーな言語を発見するように強いるのだが、そこでは感情と語の習慣的な境界画定は放棄される。

いずれにせよ、すぐさま急いで言っておくが、演出と舞台化を、すなわち演劇のうちにある特徴的に演劇的であるものを台本に従属させる演劇は、間抜けの、狂人の、性倒錯者の、文法家の、乾物屋の、反詩人の、そして実証主義者の、要するに西洋人の演劇なのである。

もっとも、身振りとポーズの言語が、ダンスが、音楽が、ひとつの性格を解き明かしたり、登場人物の思想を物語ったり、明瞭で厳密な意識の状態を示したりするのに、言葉による言語よりも能力がないことを私はちゃんと承知しているが、演劇が、ひとつの性格を解き明かしたり、われわれの現代演劇に満ち溢れているような、人間的で情念的な次元、今日的で心理学的な次元の葛藤の解決に適しているなどと誰が言ったのか。

ここでわれわれが見ているような演劇から考えれば、もはや生において問題となっているのは、われわれはちゃんとセックスしているのか、われわれは戦争を行っているのか、平和でいるためにわれわれは十分臆病であるのか、どのようにしてわれわれの些細な精神的不安と折り合いをつけるのか、われわれの「コンプレックス」（これは学問的な言語において言われることだが）をわれわれは自覚しているのか、それともわれわれの「コンプレックス」はわれわれを窒息させているのかどうかをまるで知ることだけであるみたいである。しかも議論が社会的次元にまで高まったり、社会的道徳的システムへの訴訟が企てられることは稀である。われわれの演劇は、この社会的道徳的システムが不公平であるのはたまたまではないのではないかと疑問に感じるところまではけっしていかない。

ところで私に言わせれば、現在の社会の状態は不公平であって、破壊するほうがいい。それを気にかけるのが演劇のやることだとしても、それはさらにもっと一斉射撃の仕事である。われわれの演劇は熱烈で有効なしかるべき仕方で問題を提起することさえできないが、たとえ問題を立てるとしても、私にとってより高くより秘められた目的を外れてしまうだろう。

右に列挙したすべての関心事は信じられないくらい人間の悪臭を放っているが、仮の、そして物質的な人間、もっと言うなら人間＝腐肉である。これらの関心事はこと私に関する限り私をうんざりさせるし、ほとんどあらゆる現代演劇と同じように最高度に私をうんざりさせるが、この現代演劇というやつは、それが反詩的であるのと同じくらい人間くさく、三、四の戯曲をのぞいて、私には頽廃と血膿の臭いがするように思われるのだ。

現代演劇が頽廃しているのは、それが一方では真剣さの、他方では笑いの感覚を失ったからである。深刻さや、直接的で有害な有効性と――そしてひとことで言えば、「危険」と手を切ったからである。

他方で、真のユーモアの感覚と、笑いのもつ身体的でアナーキーな解離の力の感覚を失ってしまったからである。

あらゆるポエジーの土台にある深遠なアナーキーの精神と手を切ったからである。ある事物の用途における、ある自然の形態の意味や活用におけるすべて、すべては慣習の問題であることをちゃんと認めなければならない。

自然は、一本の木に一本の木の形態を与えたとき、同じように一匹の動物やひとつの丘の形態を与えることができただろうし、われわれは動物や丘を前にしてそれが木であると思ったかもしれないが、それでうまくいったはずなのだ。美しい女が耳に心地よい声の持ち主であることは了解済みである。世界が世界となって以来すべての美しい女がラッパのような声でわれわれに呼びかけ、象の雄叫びのような声でわれわれに挨拶するのを聞いていたとしたら、われわれは永久に象の雄叫びの観念を美しい女の観念に結びつけていただろうし、世界についてのわれわれの内的ヴィジョンの一部はそれによって根本的な変形をこうむっていただろう。

そのことから理解されるのは、ポエジーは、それが事物と事物の関係、形態と意味とのすべての関係を再び疑うならば、アナーキーであるということだ。その出現がわれわれをカオスに近づける無秩序の結果であるならば、同じくポエジーはアナーキーである。

新しい例を挙げるまでもないだろう。それを無限に増やすことはできるだろうし、いま私が挙げたような滑稽な例だけではない。

演劇的には、これらの形態の倒置、これらの意味の移動は、このユーモラスで空間におけるポエジーの本質的要素となり得るかもしれないし、それがもっぱら演出の仕事なのである。

マルクス兄弟のある映画のなかで、腕のなかにひとりの女を抱きとめたつもりのある男は腕のなかに雌牛を抱きとめる、すると雌牛はモーと鳴く。ここでそれについてしつこく続けるのはあまりに長すぎるが、偶然の重なりによって、その鳴き声は、そのときどんな女の叫びにもひけをとらない知的な品位を帯びるのである。

映画では可能であるこのような状況は、やはりそのまま演劇でも可能である。少しだけ手を加えれば十分であるだろうし、例えば、雌牛を動くマネキン人形や、言葉を喋る怪物や、あるいは動物に変装した人間のようなものに代えればいいのだが、それはユーモアを基盤とした客観的ポエジーの秘密を見出すためであるが、演劇はこの客観的ポエジーを放棄し、それをミュージックホールに捨ててしまい、映画がそれを利用したのだ。

いましがた私は危険について語った。さて、この危険の観念を舞台の上で最もうまく実現するはずだと思われるのは、客観的な意外性であり、状況ではなく事物のなかにある意外性、思考されたイメージから真のイメージへの突然の時ならぬ移行であるが、例えば、冒瀆の言葉を吐く男が、突然自分の前に冒瀆のイメージが現実の線となって物質化されるのを見るといったことである（ただし、つけ加えておくが、このイメージが完全に根拠のないものではなく、それが同じ精神的感興の別のイメージを生み出すという条件つきで、等々）。

もうひとつの例は、木や布でできていて、隅から隅まで創造された、考え出された「存在」であろうが、それは何に対しても応答せず、それでも生来不気味なもので、古い演劇すべての基盤にあるあの大いなる形而上学的恐怖のちょっとした息吹を舞台に再び導き入れることができる。

バリ島の人々は、彼らの考え出したドラゴンによって、すべての東洋人と同じようにあの神秘的恐怖の感覚を失わなかったが、彼らはそれがほんものの遠近上《プラン》に再び置かれるなら演劇の最も効果的な（しかも本質的な）要素のひとつであることを知っている。

それは、望むと望まざるとにかかわらず、真のポエジーは形而上学的だということであって、言ってみれば、まさにその形而上学的射程、その形而上学的有効性の度合いこそが、それを真の価値に変えるのである。

私が形而上学に訴えかけたのはこれで二度目か三度目である。先ほど死んだ観念である心理学について話をしたが、多くの人は私にこう言いたい気持ちに駆られているのではないかという気がする、世界には非人間的な観念、役立たずの観念があり、それは精神に対してさえわずかなことしか語らないし、それこそが形而上学である、と。

それは、ルネ・ゲノンが言うように、「われわれの純粋に西洋的なやり方、諸原理を（それらに対応するエネルギッシュでどっしりとした霊的状態の外で）考察するわれわれの反詩的で欠陥あるやり方」に起因する。

心理学的傾向をもつ西洋の演劇とは対照的な、形而上学的傾向をもつ東洋の演劇においては、身振りや、記号や、ポーズや、音響がぎっしり詰まった堆積が、舞台化と舞台の言語を構成し、その言語はすべての意識の平面とすべての感覚のなかで身体的で詩的な帰結を発展させるのだが、必然的に思考に対して活動中の形而上学と呼び得るものである奥深い態度をとらせるのである。

あとでこの点を再び取り上げるつもりである。さしあたっては周知の演劇に話を戻そう。

数日前、私は演劇についての討論に加わった。劇作家という別名をもったさまざまな種類の蛇男たちが、敵の耳に毒を注いだあれらの歴史上の人物たちよろしく、劇場支配人に戯曲をそれとなく売り込むやり方を私に説明しようとするのを目の当たりにした。問題となっていたのは、思うに、演劇の未来の方向、別の言い方をすれば、その運命を決定することであった。

決定されたものなど何ひとつなかったし、一度として演劇の真の運命は、つまり定義上本質的に演劇が上演すべく定められているものも、そのために取り得る手段も問題とならなかったのだ。だがその代わり演劇が私には一種の凍りついた世界に思えたのだが、役者たちはこれからもう何の役にも立たなくなる身振りのなかに縮こまり、固い抑揚が宙に舞っては、すでにばらばらになって落ちてきて、音楽は数字の列挙に帰され、その記号は消えかけ、光の輝きはそれ自体凝固して運動の痕跡に応答し——、その周りを、黒い燕尾服の男たちが白熱した切符売り場の足元で領収書を奪い合い、異様にひらひら飛び回っている。あたかも演劇という機械がいまやそれを取り巻くものだけに追いやられてしまったかのようである。そしてその雰囲気が趣味人たちの鼻に悪臭を放っているのは、その機械がそれを取り巻くものだけに追いやられ、演劇がもはや演劇でないものに追いやられたからなのだ。

私にとって演劇はその現実化の可能性とひとつに混じっている、極端な詩的帰結がそこから引き出され、演劇の現実化の可能性がまるごと演出の領域に属し、それが空間のなかにある運動中の言語と見なされるときには。

ところで現実化の手段から極端な詩的帰結を引き出すことは、それを形而上学に変えることであり、問題を考えるこのやり方に反対して誰も立ち上がったりすることはないだろうと思う。

そして演劇的観点から言語、身振り、ポーズ、舞台装置を形而上学に変えることは、それらがもち得る時間と運動との遭遇のやり方すべてと関連して考えることであるように思われる。

ひとつの身振り、ひとつの音響、ひとつの抑揚がもち得るさまざまなやり方、それらが多少とも執拗にしかじかの空間の部分に、しかじかの瞬間に寄りかかるやり方に、この連続的なポエジーの客観的な例を与えることは、ひとつの音の質や、身体的苦痛の度合いと質の感覚を言葉で伝えるのと同じくらい困難である。それは現実化しだいであり、舞台の上でしか決定できない。

演劇（あるいは、いま私が述べたばかりのシステムのなかで演劇と混同される演出）が含みもつすべての表現手段をいまこそひとつひとつ検討しなければならないところであろうが、それではあまりに遠くまで行くはめになるので、一つか二つの例だけを取り上げることにする。

まずは分節言語。

分節言語の形而上学をつくりあげることは、言語をそれが通常表現しないことを表現するように役立たせることである。それは新しく、例外的で、いつにないやり方で言語を利用することであり、身体的動揺の諸々の可能性を言語に返してやることであり、それを分割して積極的に空間のなかに配分することであり、絶対に具体的な仕方で抑揚をとり、それら抑揚がもつ、実際に何かを引き裂き明示する力を復元することであり、言語と、低俗なまでに打算的な、食べるためと言ってもいいその出所に、追いつめられた獣のようなその起源に敵対することであり、最後に言語を呪文の形のもとに考察することである。

舞台上の表現を検討するこの詩的で能動的なやり方のなかにあるすべては、演劇の人間的で、今日的で、心理学的な本義からわれわれの顔をそむけさせるが、それは宗教的で神秘主義的な本義をとり戻すためであり、われわれの演劇はその感覚を完全に失ってしまったのである。

宗教的とか神秘主義的とかいう言葉を口にするだけで、堂守や、心底無学で見てくれだけの、せいぜいおもちゃのガラガラのようなマニ車を回すしか能のない仏教寺院の坊主と混同されるとしたら、ただ単にわれわれがひとつの言葉からあらゆる帰結を引き出すことに無能であって、綜合と類推の精神についてまったくの無知であると判断せざるを得ない。

おそらくそれが意味するのは、われわれの現状では、われわれは真の演劇とのあらゆる接触を失ったということであり、日々の思考が達し得る領域に、既知あるいは未知の意識の領域に演劇を限定しているからである――そしてもしわれわれが演劇的に無意識に訴えかけるとしても、ほとんどそれは、誰もが手に入る毎日の経験から無意識が集める（または隠す）ことのできたものを無意識からもぎ取るためでしかない。

もっとも、バリ島の演劇のような東洋の演劇のいくつかの舞台化がもつ精神に及ぼす身体的効力や、直接的でイメージに富んだ行動力の理由のひとつは、このような演劇が何千年来の伝統にもたれかかり、身振りや、抑揚や、調和をあらゆる可能な面で五感との関わりにおいて利用する秘密を無傷のまま保ったからだと人は言うかもしれない——それでは東洋の演劇を断罪したことにはならないし、しかし断罪されているのはわれわれであって、われわれとともに、われわれが生きているこの事物の状態が断罪されているのであり、しかもそれは破壊すべきものであり、思考の自由な行使を妨げるあらゆる面とあらゆる度合いにおいて、熱心に悪意をもって破壊すべきなのである。

錬金術的演劇＊

演劇の原理と錬金術の原理の間には不思議な本質的同一性がある。それは、演劇も錬金術も、その原理において地下にあるものとして考察するなら、一定数の土台に結びついているということであり、それらの土台はすべての芸術＝技芸にとって同じものであるが、物理的領域において実際に金をつくり出すことができるのと同類の効力を、精神的で想像的な領域において目指しているのだ。しかしさらに演劇と錬金術の間にはより高度な類似があって、それは形而上学的にはるかにずっと遠くへと至っている。それは、錬金術も演劇も言ってみれば潜在的な技芸だというこ

＊この文章は最初ジュール・シュペルヴィエルの求めに応じて書簡の形で書き始められたが、一九三二年秋、アルゼンチンのブエノスアイレスで、『シュル』誌第六号にスペイン語で掲載された。

とであり、それ自身のうちに目的も現実性ももってはいないのだ。

錬金術が、その象徴によって、現実の物質という面でしか効力をもたないある操作の精神的「分身」のようなものであるとしても、演劇もまた「分身」と見なされなければならないのであって、それは分身がほとんどその生気のないコピーに成り下がってしまった虚しく面白みのない日々の直接的現実ではなく、危険で典型的なもうひとつの現実の分身であり、その分身にあっては、諸原理がまるでイルカのように顔を覗かせてはたちまち海の暗闇のなかへと帰ってしまう。

ところでこの現実は人間的ではなく非人間的であり、人間はその品行やその性格もろとも、そう言わねばならないのだが、ほとんどまったく物の数ではない。かろうじて人間にはまだ頭が残っているだけであり、しかも完全にむき出しで、可鍛性の、器官としての頭のようなものであり、そこに残されているのは、諸原理がその帰結を感じ取れる完成された仕方で展開できるのに十分な形ある物質だけだろう。

もっともさらに遠くまで行く前に注目しておかねばならないのは、錬金術的素材を扱うすべての本が公言する演劇という用語に対する奇妙な愛着であり、それはあたかもそれらの著者たちがはじめから象徴の全系列のなかにある再現的なもの、つまり演劇的なものすべてを感じ取っていたかのようであって、その象徴によって「賢者の石の探求《グラン・ウーヴル》」は、現実的かつ物質的に実現されるまでは精神的に実現されるのだが、同じくこれらの操作をめぐって、そしてその操作を純粋に人間的な手段によって試みる者たちが必ず避けて通れない幻想と蜃気楼と幻覚といったすべての錯誤のいわば「弁証法的」列挙においても、事情に通じていない精神は逸脱や迷いに陥るのである。

すべての真の錬金術師は、演劇が蜃気楼であるように錬金術的象徴がひとつの蜃気楼であることを知っている。そしてほとんどすべての錬金術の書物に見出される演劇的な事柄と原理についての絶えざるあの暗示は、そこで登場人物、オブジェ、イメージ、そして一般的には演劇の潜在的現実を構成するものすべてが展開される面と、そこで錬金術の象徴が展開される、純粋に仮定的で実体のない面との間にある同一性の感覚（錬金術師たちはそれを極度に意識していた）として理解されねばならない。

これらの象徴は、物質の哲学的状態と呼ぶことのできるものを示しているが、あの猛烈な純化とあの統一の道、そして恐ろしいまでに単純化され純粋なひとつの方向にある自然界の分子のあの憔悴の道へとすでに精神を踏み出させるのである。まる裸にされたおかげで、そこで固体がついに金となるあの精神的な均衡の線にしたがって、固体を再考し再構成することを可能にするあの操作の道へである。この神秘的な仕事を示すのに役立つ物質的象徴主義が、どれほど精神において秘密の象徴主義に、観念と仮象の活用に対応しているのか十分にはわからないが、この観念と仮象の活用によって演劇における演劇的なものが哲学的に示され、識別されることができるのである。

私の考えを説明しよう。おそらくすでにおわかりだと思うが、われわれがほのめかしていた演劇のジャンルはあの類いの社会的または時事的演劇とはなんの関係もないし、それは時代とともに変化し、最初に演劇を活気づけた観念は、意味を変えたために見分けることができない身振りのカリカチュアのなかにしか見出されない。典型的で原始的な演劇の観念についても似たようなものであるし、それらの観念は言葉と同じように、時とともにイメージをつくり出すことをやめ、拡大の手段であるどころか、もはや精神にとっての袋小路であり墓場であるにすぎない。

おそらくさらに先へ進む前に、典型的で原始的な演劇をわれわれがどのような意味で理解しているのか定義するように求められるだろう。そしてわれわれはそこから問題の核心へと入っていくだろう。

なるほど起源と存在理由の問いを提起するとすれば、見出されるのは、一方では、そして形而上学的には、一種の本質的ドラマの具象化、というかむしろ外在化であって、それはすでにそれ自体方向づけられ、分割されたあらゆるドラマの本質的原理を同時に複数的で唯一のやり方で含んでいるが、まだ原理の性格を失うほどではなく、まだ実体的で能動的な仕方でそれらを十分に含んでおり、要するに放電や、衝突の無限の眺望に溢れている。このようなドラマを哲学的に分析することは不可能であるし、詩的に、そしてすべての芸術の諸原理からそれらがもち得る伝達的で磁気的なものを奪い取ることによってのみ、形によって、音と音楽と音量によって、すべての自然の相同性を通して、イメージと類似を喚起することができるのだが、それはわれわれの論理的で度を越した主知主義が無用な図式に還元してしまった精神の原初の方向ではなく、音楽と形の震動を通して、決定的で危険なカオスの地下からの脅威を感じさせるほどの強い感度や、絶対的な鋭利さをもつさまざまな状態なのである。

そしてこの本質的ドラマは、完璧にそう感じられるのだが、存在しているのだし、それは天地創造そのものよりも捉え難い何らかのイメージをもっていて、まさに一にして——対立のないひとつの「意志」の結果として再現されなければならない。

本質的ドラマ、すべての「大いなる秘儀」の基盤にあったドラマは、天地創造の第二時代、困難と「分身」の時代、物質と観念の濃密化の時代と合致すると信じなければならない。

単純さと秩序が支配するところには、演劇もドラマもあり得ないし、まさしく真の演劇は、もっともポエジーがそうであるように、しかし別の道を通って、これらの原初の統一の魅惑的な側面である哲学的闘争の後に組織されるアナーキーから生じるように思われる。

ところで沸騰状態の「コスモス」が哲学的に変質した不純な仕方でわれわれに提供するこれらの衝突、それらを錬金術は厳密な知性の営みにおいてわれわれに提示するが、それは錬金術が崇高なものに再び達することをわれわれに可能にするからであるのだが、しかしドラマによって、十分には洗練されていない、十分には熟していない形態すべての入念で激化した集中砲火の後のことであり、実在する物質のすべての導管とすべての基盤を通り過ぎ、未来の白熱した辺獄のなかでこの二重になった仕事をやり直した後になってはじめて精神に跳躍することを許すというのは、錬金術の原理そのもののなかに含まれているからである。というのも物質的な金の価値をもつために精神は、それが別の金にも可能であり、しかもこの金を手に入れ、それに達したのは、それに同意してやることによって、堅固で不透明な仕方で、それを失墜の第二の象徴と見なすことによってでしかなかったことをまず自らに証明しなければならなかったからであり、稀少性と還元不能性である光そのものの表現を見出すためにはそうせざるを得なかったかのようなのだ。

金をつくるという演劇の操作は、それが引き起こす衝突の巨大さによって、その操作が互いに対して投げつけ、それが揺さぶるとてつもない数の力によって、予想外の結果から溢れ出し、精神性を詰め込みすぎた本質的な一種の再攪乱へのあの呼びかけによって、最終的には絶対的で抽象的な純粋性を精神に呼び覚ますのだが、その純粋性の後にはもう何もなく、しかもそれをただひとつの音符、飛んでいるところを捕まえられ、描写できない振動の有機的部分であるような一種の限界の音符として思い描くことができるだけである。

プラトンを魅了した「オルフェウスの秘儀」は、精神的で心理学的な面で、いくばくかの錬金術的演劇の超越的で決定的な様相をもっていたに違いないし、しかも心理学的な異常な密度をもつ諸要素によって、錬金術の諸々の象徴を反対方向に喚起し、それらの象徴は物質の上澄みをとりそれを注入する精神的手段を与えるのだが、精神による激しく決定的な注入を喚起したに違いないのだ。

「エレウシスの秘儀」はいくつかの精神的真理を舞台にかけただけであったとわれわれは教えられている。むしろ私が思うに、それは衝突の噴出と慌ただしさを、めくるめくいまにも滑り落ちそうなあの角度でとらえられた諸原理の描写不能の闘争を舞台にかけたのであり、その角度では抽象と具体の錯綜した唯一の融合を実現しつつあらゆる真理が失われるのであるが、私が考えるには、われわれがその観念に至るまで失ってしまった楽器と音調の音楽、色彩と形の組み合わせによって、その秘儀は、一方では、純粋な美のあの郷愁を満足させたに違いないし、プラトンはこの世で少なくとも一度は、響きのいい、流れるような、まる裸にされたその美の完璧な実現を目の当たりにしたはずであるが、他方では、まだ目覚めているときの人間の頭脳にとっては想像できない奇妙な結合によって、物質と精神、観念と形、具体と抽象の対立によって生じたすべての衝突を解決し、あるいは無に帰させさえし、そして精神化された金と同じであるはずの唯一の表現のうちにすべての化象を融合させたに違いないのである。

バリ島の演劇について*

ダンス、歌、パントマイム、音楽を思わせるバリ島演劇のはじめてのスペクタクルは——しかもここヨーロッパでわれわれが理解しているような心理的演劇とは似ても似つかぬものであるが、幻覚や恐怖という角度から演劇を自立した純粋な創造の次元にひき戻す。

きわめて注目すべきことに、このスペクタクルを構成する小規模ないくつかの芝居の最初のものは、伝統に反逆する娘をいさめる父親をわれわれに目撃させるが、幽霊の登場によって始まっていて、あるいはそう言ったほうがよければ、劇的ではあるが馴染み深い主題の発展に役立つことになる男と女たちの登場人物が、まず登場人物の幽霊状態のなかに現れ、この類いの象徴的スケッチの状況が展開できるようになる前に、芝居のどの登場人物の特性でもある幻覚の角度から見られるのである。しかもここでは場面は口実にすぎない。ドラマは感情のあいだではなく、それ自体骨格となり身振りに縮小された精神状態のあいだ――図式のあいだで発展する。要するにバリ島の人々は、極度の厳密さをもって、純粋演劇という観念を実現するのだが、その演劇にあっては概念も舞台化も、舞台上の客体化の度合いによってのみ価値をもち、実在を有するのである。彼らはその創造の力が言葉を除去する演出の絶対的優位を成功裡に証明する。主題は漠然として、抽象的で、非常に盛り沢山である。唯一それら主題に生命を与えるのは、舞台上の技巧の複雑な豊かさであり、これらの技巧がわれわれの精神に身振りと声の新しい使用法から引き出されたいわばひとつの形而上学の観念を強いるのである。

　あれらすべての身振り、あれらの鋭角的で突然断ち切られるポーズ、あれらの喉の奥のシンコペートされる変調、あれらの急に変化する音楽的フレーズ、あれらの

＊この文章の最初の部分は、一九三一年十月に「植民地博覧会のバリ島演劇」というタイトルで『NRF（新フランス評論）』誌二一七号に掲載された。九〇頁以下の部分はジャン・ポーランに宛てた手紙の再録である。植民地博覧会は一九三一年五月から十月までヴァンセンヌの森で開催された。

さやばねの飛翔、あれらの枝のざわめき、あれらのうつろな太鼓の響き、あれらの自動人形の軋み、あれらの生命を吹き込まれたマネキン人形のダンスなど、これらすべてのもののなかで実際変わっているところは、身振りや、ポーズや、空中に放たれた叫びの迷路を通して、舞台空間のどんな部分も使われないままにしておかない進展と曲線を通して、言葉ではなく記号に基づく新たな身体言語の方向が現れることである。幾何学的な衣装をまとったこれらの俳優たちは命ある象形文字のように見える。そして彼らのドレスの形までもが、人体の軸を移動させながら、トランス状態と永続的戦争状態にあるこれら戦士の衣装のかたわらに、幾種類もの象徴的衣装を、第二の衣装を創造するのだが、これらのドレスはひとつの知的観念を吹き込み、それらの線の交錯によって、大気の眺望のすべての交錯と結びつく。これらの精神的記号は厳密な意味をもっていて、もはやわれわれを直観的にしか打たないが、かなりの暴力性によって論理的論証的な言語への翻訳を無用なものにしてしまう。そして何が何でもリアリズムを愛好する者たちは、秘められ逸脱した思考の姿勢を絶えずほのめかされることに疲れてしまうが、彼らのためには、彼岸の出現に怯える「分身」の際立って現実的な戯れが残されている。これらの震え、これらの子供じみた金切り声、荒れ狂う無意識のオートマティズムそのものにしたがい規則的なリズムで床にぶつかるあの踵、あるときはそれ自身の現実の背後に隠れてしまうあの「分身」、それこそが恐怖の描写であり、地球のどこででも価値があり、人間的なものにおいても超人間的なものにおいても東洋人が現実に関してわれわれに優っていることを示しているのである。

バリ島の人々は、生のあらゆる状況に対する身振りと変化に富んだジェスチャーをもっていて、演劇の取り決めに高度な価値を再び与えているが、よく習得されとりわけ見事に適用された一連の取り決めの有効性とすぐれて活動的な価値を証明する。非の打ちどころのないこのスペクタクルを前にしたわれわれの喜びの理由のひとつは、これらの俳優たちによるまさに一定量の確かな身振りや、折よいときに生じ試みられるジェスチャーの使い方にあるが、とりわけ精神的な包み込み、これらの表現の働きやこれらの効果的な記号の洗練を支配する深くニュアンスに富んだ研鑽にあって、しかも千年以上も前からその有効性は使い果たされなかったという印象がある。あれらの眼球のメカニックな転がし方、あれらのとがらした唇、あの筋肉の痙攣の配分は、方法的に計算された効果をもっていて、自発的な即興に頼ることができないようにされており、水平的な運動で動くあれらの頭はまるでレールにはまり込んだかのように肩から肩へと転がっていくように見えるのだが、そういったすべては、直接的な心理的必然性に対応し、おまけに一種の精神的建築に対応していて、その建築は身振りとジェスチャーからできているが、しかし同じくひとつのリズムを喚起する力、身体的運動の音楽的な質、ひとつの音調の平行的で見事に溶け合った和音からもなっている。舞台の自在さと自発的なインスピレーションによってわれわれヨーロッパ人の感覚に衝撃を与えること、それは可能であるが、この数学が無味乾燥や画一性をつくり出すなどと言ってはならない。驚異であるのは、豊かさや、空想力や、出し惜しみしない浪費の感覚が、驚くべき細心さと意識でもって調整されたこのスペクタクルから発散しているということである。そして差し迫った照応が、視覚から聴覚へ、知性から感性へ、登場人物の身振りからある植物の動きの喚起へと、ひとつの楽器の叫びを通して永遠にほとばしるのだ。管楽器の吐息は声帯の震えを同一性の感覚をもって引き延ばすのだが、そのように引き延ばされるのが声そのものなのか、起源以来声を吸収してしまった感覚なのかはわからない。関節の戯れ、腕が前腕に対してなす音楽的角度、下に落ちる足、弓なりになる膝、手からはずれるように見える指、そういったすべてがわれわれにとって永遠の鏡の戯れのようなものであり、そこでは人間の手足が谺や音楽を自分に送り返すように見えるし、楽団の音や、管楽器の息吹はやかましい鳥小屋の観念を喚起し、俳優たち自身はそのきらめきであるのだろう。われわれの演劇はこの身振りの形而上学の観念をもったことがなく、これほど直接的で、これほど具体的な演劇目標に音楽を役立たせることができたことはけっしてなかったし、われわれの演劇は純粋に言語的であって、しかも演劇を成り立たせるあらゆるもの、つまり舞台の空気のなかにあるもの、空気によって測られ、取り囲まれるもの、空間においてある密度をもつもの、すなわち運動、形態、色彩、振動、姿勢、叫びを知らないのだし、測定できないもの、精神の暗示の力に由来するものを考慮に入れるなら、バリ島の演劇に精神性の教えを乞うことができるだろう。純粋に民衆的で神聖でないこの演劇は、われわれにひとつの民族の知的水準についての並外れた観念を与えるのだが、この民族は悪霊と彼岸の幽霊に憑かれた魂の闘争を市民的な歓びの基盤と見なしている。というのもスペクタクルの後半部分で問題となっているのは、結局のところまさに純粋に内的な戦いであるからだ。そしてバリ島の人々が演劇に与えることができた演劇的豪華さにもついでに注目していい。そこに現れる舞台の造形的必然性の感覚は、彼らの身体的恐怖とそれを引き起こす手段の認識にのみ匹敵する。そして彼らの悪魔（たぶんチベット的なものであるが）のじつに恐ろしい側面には、われわれが思い出すある種の操り人形の様子との驚くべき類似があるが、それは白いゼラチン状の膨れた手や、緑の葉っぱでできた爪をもっていて、アルフレッド・ジャリ劇場*によって演じられた初期の芝居のひとつの最も美しい装飾であった。

＊

どれもが互いにより豊かであろうとする過剰な印象によってわれわれに襲いかかるこのスペクタクルは、正面から近づくことのできない何かであるが、しかしそれはわれわれがその鍵をもっていないらしい言語でできている**。糸口を見出し、獣を捕まえ、もっとよく聞こえるように楽器に耳を近づけることが不可能であるために生ずる一種の苛立ちは、このスペクタクルの功績であり、さらなる魅力である。私の言う言語は一見して捉え難い特有語という意味ではなく、まさにどんな話し言葉からも外れたあの種の演劇言語であって、そこには広大な舞台経験が見出されるように思われるのだが、そのかたわらでは、もっぱら対話形式にすぎないわれわれの演出などただの口ごもりに見えてしまうのだ。

実際このスペクタクルのなかで最も際立っているのは――われわれの西洋的な演劇概念を混乱させるようにできているので、ここで見る機会があった純粋演劇の最も美しい表明であるにもかかわらず、多くの人たちはそのあらゆる演劇的特質を否定するだろう――われわれヨーロッパ人にとって、際立っていて、しかも面食らわせるのは、引き締められた精妙な身振りの骨組みや、無限に変化する声の抑揚や、水を滴らせては水滴を払う広大な森のものであるような音の雨や、運動のこれまた音響的な絡み合いのなかなど、いたるところでぱちぱちはぜているのが感じられる素晴らしい知性である。ひとつの身振りからひとつの叫びへの、あるいはひとつの

＊一九二七年にアルトーがロジェ・ヴィトラックらとともに創設した実験的劇団。一九三〇年までしか存続しなかったが、後に生まれる前衛劇団の先駆と言える。アルトーがここで言及しているのは、ロジェ・ヴィトラック作『愛の神秘』のことであり、一九二七年六月にアルフレッド・ジャリ劇場の初演として演じられた。
＊＊以下はジャン・ポーランに宛てた手紙のほぼ完全な再録と、原稿や手紙から抜き出した断章からなっている。

音への移行などないのだ。精神にじかに穿たれた奇妙な運河を通るようにすべてが連結しているのである。

そこにはわれわれがその鍵をもたない儀式的身振りの集積があって、しかもそれは極端に厳密な音楽的限定に従っているようなのだが、普通は音楽に属さず、思考を包み込み、それを追いかけ、錯綜した確実な組織網のなかにそれを導くように定められた何かをさらにともなっている。たしかにこの演劇におけるすべては素敵な数学的綿密さをもって計算されている。偶然や個人的自発性に委ねられるものは何もない。それは一種の高度なダンスであり、ダンサーは何よりもまず俳優なのだ。

絶えず彼らが慎重に立て直しを行うのが見える。彼らが錯綜した拍子の迷宮のなかに迷い込んだと思われ、いまにも混乱に陥ってしまうと感じられるとき、彼らには均衡を立て直す彼ら特有のやり方、からだを弓なりに押し出し、脚をねじるやり方があって、水を含みすぎた雑巾を拍子に合わせて絞るような印象を与える――そしてつねに必ずや舞台の中央に彼らを連れてゆく最後の三歩で、ここに宙づりのリズムは終了し、拍子はまばらになるのだ。

彼らにあってすべてはこんな風に非人称的に調整される。筋肉の遊びも、目玉の回転も、すべてを導き、そこをすべてが通る熟考された一種の数学に属さないものはただのひとつもない。そして奇妙であるのは、この徹底的な非人格化において、仮面のように顔に張りついた純粋に筋肉的なこれらの表情の戯れにおいて、すべてが最大の効果をもち、それを取り戻させることである。

これらの機械化された存在を見るとわれわれは一種の恐怖にとらわれるのだが、喜びも苦しみも固有のものとしてそれらの存在に属していないが、しかし試練にかけられ、あたかも高度な知性によって押しつけられたかのような儀式に従っているように見える。人が汚すかもしれない儀式に似たこのスペクタクルにおいて、われわれに最も強い印象を与えるのは、結局強いられた「高度な生」というまさにこの印象である。このスペクタクルには聖なる儀式の荘厳さがある。——衣装の厳かさは俳優ひとりひとりにいわば二重の身体を、二重の手足を与える——そして衣装のなかに縮こまった芸術家は、彼自身にとってもはや自分自身のひと形でしかないように見える。そのうえゆったりとして、細く砕かれた音楽のリズムがある——極端に力のこもった、たどたどしくて、壊れやすい音楽だが、最も高貴な金属が砕かれるようであり、自然状態にあるように泉が噴き上げ、植物を通って膨れ上がった昆虫の長い行列が荒れ狂い、光のざわめきそのものを捕えたように思えたり、深い孤独のざわめきが水晶の飛翔と化すように見えるのだ、等々。

しかもこれらすべてのざわめきは運動に結びついていて、ざわめきと同じ質をもった身振りの自然な完成のようなものである。そしてそれは音楽的アナロジーのこういった感覚をともなっていて、精神は最終的にそれを混同せざるを得なくなり、楽団の音響的な特性を芸術家たちの分節された身振りのものとしてしまう——そしてその逆も。

非人間性、神的なもの、奇跡的啓示の印象は、さらにまた女性たちの髪型の洗練された美から、つまり色とりどりの羽根や真珠の組み合わせからなるあの一連の階段状の光の輪から、そしてひとつの彩色法から発散しているが、それがあまりに美しいので、それらの集まりはまさに啓示されたように見えるし、その稜線はリズミカルに震え、精神とともに、身体の震えに応答しているように見える。——他にもまた、聖職者風の、三重宝冠の形をした、ごわごわした花飾りを乗せた髪型もあるが、その色彩は二つずつ互いに対立し、奇妙に調和している。

外的で内的な知覚のあらゆる方向における火箭、割れ目、運河、逸脱に満ちたこの神経にさわる集合は、演劇からひとつの至上の観念を構成するのだが、それは何世紀にもわたって保存され、演劇がずっとそうあり続けてきたところのものをわれわれに教えているようである。そしてこの印象は、このスペクタクル――あちらでは民衆的であるらしく、しかも世俗的な――がこれらの人々の芸術的感覚の基本的な糧のようなものであるという事実によって倍加される。

　例外的なものとなったこのスペクタクルの驚くべき数学、それはわれわれの不意を襲い、われわれを最も驚かせるのにうってつけであるように思われるが、物質のあの啓示的側面であり、突然記号となって散らばり、具象と抽象の形而上学的同一性をわれわれに教え、しかも持続するようにつくられた身振りによってそれをわれわれに教えるように思われる。というのも現実主義的側面をわれわれは自分たちのうちに再び見出すが、しかしここでそれはn乗され、決定的に様式化される。

　この演劇においてあらゆる創造は舞台から生じ、語以前の「話し言葉」である秘密の心的衝動のなかにその翻訳とその起源さえも見出すのである。

われわれが西洋的な演劇用語で演出家と呼んでいるものを利するために、作者を排除する演劇であるが、この演出家は一種の魔術的主宰者、聖なる式典の儀典長と化す。そして彼が仕事する素材、彼が動悸を打たせる主題は、彼ではなく、神々からのものである。それらは二重の「精神」が恩恵を施す「自然」の原初的結合からやって来るのだ。

演出家が揺り動かすのは「表出されたもの」である。

それは一種の最初の「身体」であり、「精神」はけっしてそこから離れたことはなかった。

バリ島の演劇のようなスペクタクルには、娯楽といった、無用で不自然な戯れ、われわれの演劇の特徴である夕べの戯れのあの側面を消し去る何かがある。その舞台化は、物質のまっただなか、生のまっただなか、現実のまっただなかで削り整えられる。そこには、それを見ている精神からシミュレーションや、現実の虚しい模倣というあらゆる観念を根こそぎにするというあの意味において、宗教的儀式の儀礼的な何かがある。われわれが目撃する盛り沢山な身振りには、ひとつの目的、ひとつの直接的な目的があって、この身振りは効果的な手段によってそれを目指し、われわれはただちにその効力を感じることができる。それが狙い定める思考、それが生み出そうとする精神の状態、それが提起する神秘的解決は、揺さぶられ、かきたてられ、間髪をおかずにいきなり到達される。そういったすべてはわれわれの悪魔たちを「押し寄せ」させるための悪魔祓いのように見える。

この演劇には本能のもつ事物の深刻な唸りがあるのだが、しかしその事物は透明性や、知性や、可延性のあの地点に誘導され、そこにあって事物は精神の最も秘められた知覚のうちのいくつかを身体的なやり方でわれわれに返すように思われる。提示された諸々の主題は、そう言ってよければ舞台から発している。それらの主題はこれこれのものであり、これほどまでの客観的物質化に達しているので、どんなに遠くまで掘り進んでも、この稠密な遠近法の外、閉じられ、限られた舞台のこの球体の外では、それらを想像することはできない。

このスペクタクルは純然たる舞台イメージの素晴らしい構成をわれわれに与えるが、その舞台イメージの理解のためにまったく新しい言語が発明されたように見える。衣装をまとった俳優たちは生きて動くほんものの象形文字を構成する。そしてこれら三次元の象形文字は、今度はいくつかの身振りや、神秘的記号に裏縫いされているのだが、それらの記号は何かわからぬ架空の謎めいた現実に対応していて、われわれ西洋の人々はそれを決定的に抑圧してしまったのである。

まずとどめられ、ついでいきなり大気のなかに投げ放たれた記号のあの強力な解放のなかには、ある魔術的操作の精神に似た何かがある。目印に満ちていて、時には不思議に秩序づけられる混沌とした沸騰は、描かれたリズムのあの興奮状態のなかでぱちぱちはぜているが、そこでは休止符号が絶えず戯れ、よく計算された沈黙のように介入する。

この純粋演劇の観念はわれわれにあってはひたすら理論的であるし、誰ひとりとしてそれにほんのわずかな現実性も与えようとはしなかったが、バリ島の演劇は、この演劇の観念が最も抽象的な主題を解き明かすために語へ訴えかけるどんな可能性も消し去るという意味において、あっと驚く舞台化をわれわれに提案するのである——そしてその観念が空間のなかで発展するためにうってつけの、そしてその外では意味をなさない身振りの言語を発明するという意味において。

舞台空間は、そのあらゆる次元において、そしてそう言ってよければすべての可能な平面上で使用される。というのも造形的な美に対する鋭い感覚のかたわらで、つねにこれらの身振りは、ある状態またはある精神の問題の解明を最後の目標とするからである。

少なくとも身振りはこのようにわれわれに現れる。

空間のどんな地点も、また同時にどんな可能な暗示も失われてはいない。そして自然が所有する突然カオスに突進する力のいわば哲学的な意味があるのだ。

バリ島の演劇のなかには言語以前のひとつの状態があるのが感じられるし、それは自らの言語、音楽や、身振りや、運動や、語を選ぶことができる。

この純粋演劇という側面、この絶対的身振りの物理学は、それ自体ひとつの観念であり、精神の着想を、それが把握されるように、物質の繊維質の迷宮を通るように追い込むのだが、そういったすべてが、形態と表出された物質の領域に固有なものとして属しているもののいわば新しい観念をわれわれに与えるというのも確かな

のである。ドレスの単なる形に神秘的な意味をなんとか与えることができ、人間のかたわらにその「分身」を置くことに満足せず、服を着たそれぞれの人間に衣装の分身を与える者たち――これらの架空の衣装、これら第二番目の衣装を、宙で突き刺された巨大な蝶の速さを、それらに与える剣によって突き破る者たち、これらの人々は、自然の絶対的で魔術的な象徴主義に対する生まれつきの感覚をわれわれよりずっと備えていて、ひとつの教訓をわれわれに与えるのだが、われわれの演劇の技術者たちにはこれからもその教訓を活用するのが無理であるのはあまりにも確かすぎることなのである。

……………………………………

あの知的な大気の空間や、あの心的戯れや、ひとつの書かれた文章の構成要素のあいだに存在する思考の塊であるあの沈黙は、ここでは、舞台の雰囲気のなかに、構成要素や空気と、数々の叫びと色彩と運動の遠近法のあいだに描かれるのである。

……………………………………

バリ島の演劇の舞台化においては、構想が身振りにまずぶつかり、純粋状態として思考された視覚的または音響的イメージの発酵全体のまんなかに根を下ろしたという感情を精神は抱く。手短に、そしてより明快に言えば、音楽的状態にかなり似た何かがこの演出のために存在しなければならなかったのであり、そこでは精神の構想であるものすべてはひとつの口実、ひとつの潜在性にすぎず、その分身はあの強度の舞台のポエジーを、あの空間的で色鮮やかな言語を産み出したのである。

……………………………………

ひとつの色彩からひとつの身振りへ、そしてひとつの叫びからひとつの動きへと向かうあの永遠の鏡の戯れは、絶えずわれわれを精神にとって険しく辛い道に連れてゆき、ポエジーに固有のものであるあの不確実と不安の状態のなかにわれわれを沈ませる。緑色をした夕暮れのなかにいる昆虫のように、ひらひら飛ぶ手のあの奇妙な戯れから、一種の恐ろしい強迫観念、尽きることのない頭のなかの屁理屈が、無意識の迷宮のなかで絶えず目星をつけることに忙しい精神のように引き出される。

もっともこの演劇が具体的な記号によってわれわれにとって触知可能なものにし、取り囲むのは、感情に属する事物ではなく、はるかに知性に属する事物である。

そして知的な道を通って、この演劇はそこに在るものの記号の奪還にわれわれを導くのである。

この観点からして、中央のダンサーの身振りは、それが得体の知れない中心的な眼や、知的な卵の場所と生命を見つけようとするかのように、ずっと頭の同じ箇所に自ら触れるのだが、それは非常に意味深いことである。

自然の物理的印象を色鮮やかに暗示するものは、音の面でも再び取りあげられるが、音はそれ自体他の事物の、一種の魔術的状態のノスタルジックな表象にすぎないし、そこでは諸々の感覚がこのようにとても精妙になっているので、それらの感覚は精神によって見分されるほうがいい。そして擬態的なハーモニー、ガラガラ蛇の騒音、互いにぶつかり合う昆虫の甲殻の炸裂音さえもが、いまにもカオスになだれ込もうとしている犇めく風景の明るい空き地を思わせる。——それにまばゆい衣装をまとい、下半身がおしめでくるまれたように見えるあれらの芸術家たち！　彼らの進化には何か臍のようなところ、幼虫のようなところがある。そして同時に彼らの衣装の象形文字的な側面に注目しなければならないのだが、その水平の線はあらゆる方向に身体を越えてしまう。彼らは、自然の何かわからない眺望に結びつけるのにうってつけの線や線分でいっぱいになった大きな昆虫のようだが、もう彼らはそこから切り離された幾何学にしか見えないのだ。

彼らが歩くとき、その抽象的な回転を包み込むこれらの衣装、そして彼らの奇妙な足の交差！

彼らのそれぞれの動きが空間に一本の線を描き、よく計算された錬金術のものである得体の知れない厳密な形象を完成し、この形象において思いがけない手の仕草が終止符を打つのである。

尻より上の曲線をもつこれらのドレスは彼らを宙吊りに、劇場の背景にピンで刺したようにしたままにして、しかも彼らのそれぞれの跳躍をまるで飛んでいるかのように引き延ばす。

これらの腹わたからの叫び、これらの転がる目玉、この絶えざる抽象、これらの枝のざわめき、これらの木を伐採し転がす音、そういったすべては広がった音の巨大な空間のなかにあり、いくつかの泉から吐き出され、そういったすべてが、抽象的なものの新しい構想、あえて言うなら、具体的な構想のようなものを、われわれの精神のなかに立ち上がらせ、結晶化させるのに協力するのだ。

そして注目しなければならないのは、素晴らしい舞台の建造物から発し、思考のなかに戻るこの抽象性が、自然界のさまざまな印象の飛翔に出会うとき、それらの印象が分子的集合を開始し、つまりひとつの身振りがまだかろうじてわれわれをカオスから分離するあの地点において、つねにそれらの印象をとらえることである。

スペクタクルの最後の部分は、われわれのヨーロッパの舞台でさんざん気をもまされる、汚らしくて、粗暴で、不名誉なものすべてを前にするなら、称賛すべき時代錯誤のうちにある。そしてこんな風に、いわばありのままで、「彼岸」の幻想の虜になった魂の苦しみをあえて釘づけにしようとするような演劇が何なのか私にはわからないのだ。

彼らは踊り、そして原理に戻ろうとしているかのような、それぞれの音の原子や、それぞれの断片的知覚を、われわれに復元するこれら自然の無秩序の形而上学者たちは、運動と騒音のあいだにかくも完璧な接合部をつくりだすことができたので、くりぬいた木や、音の出る太鼓や、空洞の楽器のあれらの騒音を、空っぽの肘をしたダンサーたちが、くりぬいた木でできた手足で演奏しているように見える。

われわれはここにいながらにして、突然形而上学的な闘いのただなかにいる、そして失神状態にあり、身体を取り囲む宇宙的な力の逆流によってこわばった身体の固くなった側面は、この熱狂的なダンスによって見事に示されているが、それは同時に硬直と角度に満ちていて、突然、精神の垂直的な落下がそこで始まるのを感じるのだ。

まるで物質の波が大急ぎで互いに重なりながらその波頭をたわめ、水平線のあらゆる方向から押し寄せて、震えや失神状態の微細な部分に入り込み、恐怖の虚空を覆ってしまうかのようである。

これらの構築された遠近法のなかにはひとつの絶対があり、ただ東洋人たちだけが夢見ることのできる真に身体的な絶対のやり方がある——まさにそこにおいて、まさに彼らの目標の熟考された高みと大胆さにおいて、これらの構想はわれわれのヨーロッパ的な演劇の構想と対立するのだが、彼らの舞台化の異様な完璧さによってなおいっそうそうなのである。

ジャンルの分類と細分化にこだわる人たちは、バリ島の演劇の素晴らしい芸術家たちのうちにダンサーだけを見るふりをするかもしれないが、どんなに高度なのかわからない「神話」を表現する使命を課されたダンサーたちであって、その高度さはわれわれの近代的西洋演劇の水準を名前のない、粗野で、子供じみたものにしてしまう。ほんとうは、バリ島の演劇は純粋演劇の主題をすべてそろえてわれわれに示しもたらすのであって、舞台化が密度の高い平衡や、完全に物質化された重力をそれに付与するのである。

………

こういったすべては、われわれに陶酔の要素そのものを復元する深い中毒状態のなかに浸り、しかも陶酔のなかでわれわれは、植物や、遺跡や、破風の上に照らし出された木々の廃墟の乾いた沸騰と鉱物的な摩擦音をとり戻す。どんな獣性や動物性もそれらの乾いた身振りに帰せられる。ひび割れる大地の砂の音、木々の霜、動物たちのあくび。
ダンサーたちの足は、ドレスを開く身振りのなかで、純粋状態の思考や感覚を溶解させ、裏返す。
そしてつねにあの頭の衝突、あのキュクロプスの眼、右手が探しもとめる精神の内部の眼。

感情や、魂の状態や、形而上学的な観念を区切り、剪定し、固定し、遠ざけ、再分割する精神的身振りのジェスチャー。

事物が抽象化のなかに戻る前に奇妙な方向転換を行うあの精髄の演劇。

彼らの身振りは、じつにうまい具合に木やうつろな太鼓のあのリズムにしたがって落ち、そのリズムを区切り、じつに確実に、まるで稜線に沿うかのように、飛んでいくリズムをつかまえるので、この音楽が節をつけて歌おうとしているのは彼らの手足の空洞であるように思われる。

層になった、月のようでもある、女たちの眼。

われわれを吸い込み、その前ではわれわれ自身が幽霊のように見えるあの夢の眼。

これらのダンスの身振りの、魂の状態を混ぜ合わせるこれらの回転する足の、これらのひらひら飛ぶ小さな手の、乾いて正確な叩く音の完全なる充足。

われわれは心の錬金術を目撃しているのであって、それは精神の状態を身振りに変える、しかもわれわれの行為が絶対を目指すならそのすべての行為がもち得るかもしれない、乾いて、まる裸にされた、線的な身振りに。

　このマニエリスム、この過剰な厳かさは、回転するアルファベットや、割れる石の叫びや、枝のざわめきや、木々を伐採し、転がす音をともなっていて、大気のなかや、視覚的であって音響的でもある空間のなかに、物質的で生気ある囁きを合成することがある。そして一瞬後には魔術的同一化が行われるのだ。「われわれは語っていたのがわれわれであることを悟るのである」。アルジュナと龍の素晴らしい戦いの後、どんな演劇も舞台の上にはなく、つまり場面と言葉の外にある、とあえて言う者がいるだろうか。

　劇的で心理的場面はここで戦闘のジェスチャーそのものへと移ったのだが、そのジェスチャーは身体の運動競技的で神秘的な働きの機能である——そして舞台の、あえて言うなら、波状の使用法の機能であり、その巨大な螺旋は面から面へとあらわになっていく。

戦士たちは恐怖の轟音とともに心の森へと入っていく。とてつもない戦き、磁気を帯びたかのような分厚い回転が彼らをとらえ、動物や鉱物の流星がなだれ込むのを感じる。

それは物理的な嵐以上のものであり、精神の粉砕であるが、彼らの手足と彼らの転がる目玉の散乱する震えがそれを意味している。彼らの逆立った頭の音響的周波数は時おり恐るべきものである。——そして彼らの背後で揺れていて、身体の原石が回転を止める何なのかよくわからない空間を同時に提供するあの音楽。

そしてすさまじい宇宙嵐によって逆毛立った戦士の背後に「分身」がいて、それは子供じみた嘲笑の他愛なさへと委ねられて胸をそらし、ざわめく嵐の余波を受けてもち上げられ、無意識のまま魔力のまっただなかを通り過ぎるのだが、彼にはその魔力がまったくわかっていないのである。

東洋の演劇と西洋の演劇

バリ島の演劇の啓示は、演劇について身体的にして言語的ではない観念を与えるものであったし、この演劇は書かれた台本から独立して、舞台で起こり得るすべてのものの限界のなかに含まれる、われわれが西洋で考えるような演劇は台本とぐるになっていて、それによって限界づけられているのだが。われわれにとっては、演劇において「話し言葉《パロール》」がすべてであり、その外に可能性はない。演劇は文学の一部門であり、言語の一種の音響的多様性であって、舞台で語られた台本と目で読まれた台本の間の違いを認めるとしても、われわれが台詞の間に現れるものの限界のなかに演劇を閉じ込めるならば、舞台化された台本という観念から演劇を切り離すことなどできはしない。

演劇における話し言葉の優位というこの観念は、われわれのうちにあまりに深く根を下ろしていて、しかも演劇がわれわれにはあまりに台本の単なる物質的反映のように映るので、演劇において台本を超え、その限界のなかに含まれず、台本によって厳密に条件づけられないもののすべては、台本に対して下位にあると見なされる演出の分野の一部をなしているようにわれわれに見えるのだ。

話し言葉への演劇のこの従属を考えれば、演劇はもしかしたらその固有の言語をもっていないのではないか、音楽や、絵画や、ダンス等々と同じ資格で、演劇を独立して自立したひとつの芸術と見なすことはまったくの幻想ではないかと人は疑問に思うかもしれない。

いずれにせよこの言語は、それが存在するとして、次のようなものとして考えられる演出と必然的にひとつに混じり合うのだと思われる。

一、かたや、話し言葉の視覚的で造形的な物質化として。

二、話し言葉から独立した舞台の上で言われることができるもの、意味することができるもののすべての言語、空間のなかにその表現を見出し、あるいはそれによって侵害されるか風化させることができるものすべての言語として。

純粋な演劇言語と見なされるこの演出の言語、それが話し言葉と同じ内的対象に達することが可能であるのかどうか、精神の観点から、そして演劇的に、それが分節言語と同じ知的有効性を要求できるのかどうかを知ることが問題である。別の言い方をすれば、それが思考を明確にするのではなく、思考させることができるのかどうか、精神を巻き込んで精神自身の観点から深く有効な態度を取らせることができるのかどうかを問うことができるのである。

ひとことで言って、客観的形態による表現の知的有効性、騒音にしろ、身振りにしろ、形態のみを使用するひとつの言語の知的有効性の問いを提起すること、それは芸術の知的有効性の問いを提起することである。

ついにわれわれが楽しみと休息の価値しか芸術のものと見なさず、形態の純粋に形式的利用のなかに、いくつかの外的関係の調和のなかに芸術をおしとどめることになったとしても、それはいかなる点でも芸術の深い表現的価値を傷つけはしない。しかしとりわけ芸術を耽美主義と混同できたその典型的現場である西洋の精神的いびつさは、描くことにしか役立たない絵画や、造形的でしかないダンスがあり得ると考えることであり、それはまるで芸術から諸々の形態を切り離し、それらの形態が絶対なるものに立ち向かうことによってとり得るすべての神秘的態度との絆を断ち切りたがっていたかのようである。

したがって、演劇がまさにその言語のなかに閉じ込められ、言語との相関関係のうちにとどまる限りにおいて、演劇は現代性と袂を分かたなければならず、その目的は、社会的または心理的葛藤を解決したり、道徳的情熱に戦いの場を提供するのではなく、秘密の真理を客観的に表現し、能動的な身振りによって「生成」との出会いのなかで形態の下に埋もれたこの真実の部分を明るみに出すことにあるということが理解される。

そうすること、諸形態によって、そして身振り、騒音、色彩、造形等々にほかならないものすべてによって、演劇を表現の可能性に結びつけること、それは演劇に最初の目的をとり戻させ、宗教的で形而上学的な様相のなかに置き直し、宇宙と和解させることである。

しかし言葉には、と人は言うだろう、形而上学的能力があり、普遍的な面で話し言葉を身振りのように考えることは禁じられていないし、しかもこの面で話し言葉は、そのなかで精神が安定し、休らう傾向をもつはずのすべての状態の最大の有効性を物質的外観の解離の力のように獲得するのだ、と。話し言葉を考えるこのような形而上学的なやり方は、西洋の演劇が話し言葉を用いるやり方ではないのだし、西洋の演劇は外観の破壊から出発して精神にまで遡る能動的な力としてではなく、反対に外面化されることによって失われる思考の完成段階として話し言葉を用いるのだと答えるのは容易である。

西洋の演劇における話し言葉は、生の日々の現状のなかにある人間とその状況に特有の心理的葛藤を表現することにしか役立たない。その葛藤は分節言語にはっきりと従うものであり、それらの葛藤が心理的領域にとどまろうが、そこから出て社会的領域に入ろうが、それらの葛藤が諸々の特徴を攻撃し風化させることになるそのやり方によって、ドラマはつねに道徳的関心のうちにとどまるのである。そしてまさに話し言葉の言語的解決がその最良の部分を保存することになるひとつの領域がつねに問題となっている。しかしこれらの道徳的葛藤は、まさしくその本性上、解決されるためにぜひとも舞台を必要としているわけではない。舞台を分節言語に支配させること、あるいは身振りや、空間における感覚という手段によって精神に達するものすべての客観的表現について言葉による表現に支配させることは、舞台の物理的必然性に背を向けることであり、その可能性に刃向かうことである。
演劇の領域は心理的ではなく、造形的で身体的であるし、そう言わなければならないのだ。そして演劇の身体的言語は言葉からなる言語と同じ心理的解決に達することが可能かどうか、それが言葉と同じように感情と情熱を表現できるかどうかを知ることではなく、思考と知性の領域のなかに、言葉がもつことができない、そして身振りならびに空間における言語に属するものすべてが、言葉以上の正確さをもって達することのできる態度がないのかどうかを知ることが問題なのである。

身体の世界と思考の深い状態との関係の一例を示す前に、われわれ自身の言葉を引用することを許していただきたい。

「いかなる真の感情も実際には翻訳不可能である。それを表現することはそれを裏切ることである。しかしそれを翻訳することはそれを偽ることである。真の表現はそれが表すものを隠す。反作用によって思考のなかの一種の充溢を創造することによって、精神を自然の現実的な空虚に対立させる。あるいは、そう言ったほうがよければ、自然の表出＝錯覚と関連して、真の表現は思考のなかにひとつの空虚を創りだす。いかなる強度の感情もわれわれのうちに空虚の観念を生じさせる。そしてこの空虚を妨げる明快な言語は、同じくポエジーが思考のなかに現れるのを妨げる。だからこそポエジーが明らかにしようとするものを隠すひとつのイメージ、ひとつの寓意、ひとつの形象は、言葉の分析によってもたらされる明快さ以上に、精神にとって意味をもつのである」。

「このように真の美はけっして直接われわれの心を打つことはない。そして沈む太陽は、それがわれわれに失わせるもののすべてのせいで美しいのである」。

フランドル絵画の悪夢がわれわれの心を打つのは、真の世界のかたわらに、もはやこの世界の戯画でしかないものを並置することによってである。この悪夢は人が夢で見ることのできるような亡霊を提供する。それは半ば夢の状態から源泉を汲み取るのだが、その状態はやりそこなった身振りと空しい言い間違いを引きおこす。そして置き去りにされた子供のかたわらに、飛び跳ねるハープを立てる。地下の滝のなかを泳ぐ人間の胎児のかたわらに、恐るべき要塞の下を前進する真の軍隊を示す。夢の不確かさのかたわらに、確実さの歩みを、そして地下室の黄色い光の向こうに、いまにも立ち去ろうとしている大きな秋の太陽のオレンジ色の閃光を示すのである。

問題となるのは演劇から話し言葉を削除することではなく、その目的を変えさせることであり、とりわけその場所を縮小すること、それを人間の特徴をその外的な目的へ導く手段とは別のものとみなすことである、演劇で問題となるのは、感情と情熱が互いに対立し、生において人間の感情と情熱を人間に対立させるそのやり方にすぎないからである。

ところで、演劇の話し言葉の目的を変えることとは、それを具体的で空間的な意味で用いることであるが、演劇が含んでいる空間的なものと具体的領域における意味作用のすべてを組み合わせる限りにおいてである。それは話し言葉をひとつの固体物として、事物を揺るがす対象として、まずは大気のなかに、次にははるかにより不可思議でより秘密の、しかしそれ自体広がりを許す領域のなかで扱うことであり、しかも秘密であるが広がったこの領域を、一方では形態のアナーキーの領域、しかし他方では連続的な形態の創造の領域と同一視することはそれほど困難ではないだろう。

こうして演劇の対象と形態的にして広がりのある表出の可能性の同一化は、それ自身呪術と混同される空間におけるある種のポエジーの観念を出現させる。

心理的傾向をもつ西洋の演劇に対立する形而上学的傾向をもつ東洋の演劇のなかには、諸々の形態による、あらゆる可能な面におけるそれらの意味と意味作用の占有がある。あるいはそう言いたければ、それらの振動する結末は、ただひとつの面ではなく、同時に精神のあらゆる面で引き出されるのである。

そしてそれらを考察し得る局面の多様性によってこそ、諸々の形態は揺さぶり魅惑する力能をもつのだし、それらは精神に対する連続する刺激となるのである。東洋の演劇がただひとつの面で事物の外的局面をとらえず、単なる障害そしてこれらの局面と意味との堅固な出会いにとどまらず、しかしそれらの局面が出てきた心的可能性を絶えず考察し続けるからこそ、東洋の演劇は自然のもつ強度のポエジーに参加し、宇宙磁気のあらゆる客観的度合いとの魔術的関係を保っているのだ。

魔術の利用と呪術のこの角度のもとに演出を考えなければならないのだが、書かれた台本の反映や、精神から発散される身体的分身のこのすべての投影の反映としてではなく、ひとつの身振り、ひとつの言葉、ひとつの音、ひとつの音楽、そしてそれら互いの組み合わせの客観的帰結から引き出し得るものすべての燃えるような投影としてである。この能動的投影は舞台の上でしか行うことはできないし、その帰結は舞台を前にして、舞台の上で見出される。そしてもっぱら書かれた言葉を用いる作家に出る幕はないのだし、この事物と生命の呪術の専門家たちに席を譲るべきなのである。

傑作と縁を切る

可能な息抜きも最後の手段もなしにわれわれが生きている窒息しそうな雰囲気の理由のひとつは——そしてわれわれ全員がそれに加担していて、われわれのうちで最も革命的な連中までもがそうである——、述べられたものであれ描かれたものであれ、書かれたもの、そして形を成したものに対するあの尊敬にあるのだが、それはまるであらゆる表現がついに尽き果ててはおらず、事態が帳消しになり再出発して再び出直さなければならない地点に到達していないかのようなのだ。

いわゆるエリート専用のあの傑作の観念と縁を切らねばならないのだが、大衆にはそれがわかっていないし、精神のなかには、非合法の性的交渉のためにあるような専用地区などないのだと自分に言い聞かせなければならない。

過去の諸々の傑作は過去にとって良いものである。それらはわれわれにとって良いものではない。われわれは、われわれに属した、即時的で直接的であるようなやり方で、言われたことを言い、また言われなかったことさえも言い、今日的な感じ方に誰にでもわかるように応える権利をもっている。

崇高を形式的表現のひとつと混同しているのに、しかもそれはずっと死んだ表現であるのに、崇高の感覚をもたないなどと大衆を非難するのは馬鹿げている。そして例えば、現代の大衆が『オイディプス王』を理解していないとすれば、あえて言うなら、それは『オイディプス王』のせいであって、大衆のせいではない。

『オイディプス王』のなかには近親相姦の主題があり、自然は道徳を意に介さないというあの観念がある。そしてどこかに彷徨える力があって、われわれがそれに用心するに越したことはなく、これらの力は運命などと呼ばれているのである。

そのうえこれらの力の物理的化身であるペストの流行がある。しかしそういった すべては、この時代の癲癇性の粗野なリズムとの接触をすっかり失ってしまった言語と衣装をまとっている。ソポクレスはたぶん声高に語るが、その語り口はもう時代からずれている。彼はこの時代にとっては繊細すぎる語り口で語るが、話の的がずれていると思われてもしかたがない。

しかしながら鉄道事故に震えあがり、地震やペストや革命や戦争を知っていて、恋愛のふしだらな苦悶に敏感な大衆は、これらすべての高度な概念に達することができるし、それを意識することしか求めていないが、しかし大衆自身の言葉で語りかけることができ、これらの事柄についての概念が、死んだ時代のものであり、けっしてもう再び繰り返されることのない装いといかがわしい言葉を通してやって来るのではないことが条件である。

大衆は今も昔も神秘に飢えている。宿命が姿を現す法則を意識し、その出現の秘密を見抜くことしか求めてはいない。

原典批判は学校の教師に、形式批判は耽美主義者に任せておこう、そして一度言われたことはもう言うべきではないことを認めよう。ひとつの表現は二度は価値がないし、二度は生きないことを、口にされたどんな言葉も死んでいるし、それが口にされたときしか効き目がないし、用いられた形式はもう役に立たず、他の形式を探すことにしかならないことを、そして演劇は身振りが為されたなら二度と繰り返せない世界で唯一の場所であることを認めようではないか。

大衆が傑作に見向きもしないのは、これらの傑作が文学的であり、要するに固定されていて、時代の欲求にしか応えない形式のうちに固定されているからだ。

大衆と観客を非難するどころか、われわれはわれわれと大衆の間にわれわれが置いた形式の遮蔽物を非難すべきであり、この新しい偶像崇拝の形、この固定された傑作の偶像崇拝を非難すべきであるが、その偶像崇拝はブルジョワ的順応主義の諸様相のひとつなのである。

この順応主義は、われわれに崇高さや、観念や、物事を、それが時代を通じてわれわれ自身のうちで取った形式と混同させる――スノッブと才人気取りと耽美主義者のメンタリティーのなかにあるもので、観客はそれを理解しない。

こういったことすべてにおいて、非常識なことに大喜びする観客の悪趣味を非難しても、価値あるスペクタクルを見せない限り無駄である。価値ある、最後の偉大なロマン主義的メロドラマ以来、つまり百年来の演劇の至上の意味において価値あるスペクタクルをここで私に見せてみろと言いたい。

偽物を本物と取り違える観客には本物に対する感覚があるのだし、本物が現れたときにはつねにそれを前にして反応する。それでも今日本物を探さなければならないのは舞台の上ではなく、町のなかである。そして町の大衆にその人間的品位を示す機会を提供するなら、大衆はつねにその品位を見せてくれるだろう。

大衆が劇場に行く習慣がなくなったのは、われわれが演劇を低級な芸術、世俗の気晴らしの一手段と見なすようになってしまったのは、しかもわれわれの悪しき本能のはけ口としてそれを利用するようになったのは、それが演劇であり、すなわち嘘と幻想でできているとあまりに言われすぎたからである。四百年前から、すなわちルネッサンス以来、純粋に描写的で、物語る演劇、心理を物語る演劇にわれわれが慣らされてきたからである。

それは一方ではスペクタクル、他方では観客とともに、もっともらしいが浮世離れした人物を舞台の上で生かすことに何かと工夫を凝らしたからである――そしてもはや大衆に対して大衆がそうであるところの鏡しか示さなくなったからである。

この錯誤とこの堕落、この演劇の無関心な観念についてはシェイクスピア自身に責任があるが、投げつけられたイメージが生体組織のなかに動揺を引き起こすことも、もはや消えることのない刻印を残すこともなく、この観念は、演劇の上演が観客を無傷なままにしておくことを望んだのである。

シェイクスピアにおいて、人間が時おり自分を超えるもので思い悩むことがあるとしても、結局つねに問題となるのは、人間におけるこの気がかりの帰結、すなわち心理なのである。

未知のものを既知のものに、すなわち日常的なものや月並みなものに追いやることに夢中になる心理は、エネルギーのこの低下とこの恐るべき消失の原因であるが、私にはそれがいよいよ最後の段階に達したように見える。そして演劇とわれわれ自身は心理学にけりをつけるべきであると思われる。

しかも、この観点にわれわれ全員が同意しており、心理的演劇を断罪するためにわざわざ胸糞の悪くなるフランスの現代演劇にまで降りていく必要はないと思う。

金の話、金のための苦労話、立身出世の話、愛他精神など入り込む余地のない恋わずらいの話、神秘のかけらもないエロティシズムをまぶされた性欲の話など、そんなものは心理学に属してはいても演劇ではない。これらの不安、これらの乱行、これらの発情を前にしては、われわれはもはや自慰にふける覗き魔にすぎず、そんなものはどれも革命と刺々しい事態へと移っていく。そのことを納得しておかなければならない。

だが最も重大なことはそこにはない。

シェイクスピアとその亜流が、一方では芸術と他方では人生とともに、長々と芸術のための芸術という観念をわれわれにほのめかしてきたとしても、その人生が外でもちこたえている限りこの役立たずで怠惰な観念にあぐらをかくことができたかもしれない。しかしわれわれを生かしめていたものがもはやもちこたえられず、われわれ全員が気が狂っていて、絶望していて、病気だというあまりに多くの兆候があるのがそれでも見える。だから私はわれわれに抵抗するように促しているのだ。超然とした芸術や、魅惑の詩や、暇つぶしを楽しむためにしかないような観念は頽廃の観念であり、われわれの去勢の力を高度に証明するものである。

ランボーやジャリやロートレアモンその他に対するわれわれの文学的称讃は、二人の男を自殺に追いやったが*、しかし他の連中にとってはカフェの無駄話にすぎず、文学的な詩、超然とした芸術、中立的な精神活動というあの観念の一部であり、何も為さず、何も産み出しはしない。そしてそれをつくる者だけをそれをつくっているときに巻き込む個人的な詩が、度を越して猛威を振るっていたときにこそ、演劇が詩人たちによって最も軽蔑されたのであり、彼らには一団となっているのに直接行動の感覚もないし、有効性の感覚も危険の感覚もけっしてないことを私は確認している。

台本と書かれた詩というこの迷信と手を切らねばならない。書かれた詩は一度は価値があるが、続いてそれを破壊すべきである。死んだ詩人たちは他の者たちに席を譲るべきだ。そしてそれがどんなに美しく価値があろうと、すでに為されたことを前にした崇拝は、われわれを石化させ、われわれを安定させ、思考するエネルギー、生命力、交換の全決定要因、月経、その他好きなように何と呼ぼうと構わないが、要するにわれわれが隠れている力との接触をもつことを妨げるのだということをわれわれはもうわかっていいはずである。台本の詩の下には、形式も原文もない単なるポエジーがある。いくつかの部族の魔術の操作に役立つ仮面の効力が尽き果てるように——しかもこれらの仮面は博物館に遺棄する以上の得策はない——、同じくある台本の詩的効力も尽き果てるのだが、尽き果てる速度が最も遅いのが演劇のポエジーとその効力であり、それは身振りをつけられ発声されるものの活動を受け入れ、けっして二度と繰り返されないからである。

＊ジャック・ヴァシェとジャック・リゴーと思われる。

問題は、われわれが何を望んでいるかを知ることである。もし戦争とペストと飢餓と大量殺戮に対する備えがわれわれ全員にできているなら、われわれにはそれを言う必要さえないし、われわれはただ続行しさえすればいい。ずっとスノッブとして振る舞い、あれこれの歌手や、素晴らしくて、芸術の領分をはみ出さないスペクタクル（ロシア・バレエでさえその全盛期に芸術の領分をけっしてはみ出さなかった）に、あちこちから印象的な形態は炸裂してはいるが、たまたまであり、それらの形態が揺り動かすかもしれない諸力についての真の自覚などないあれこれの絵画展に、大挙して押しかけ続ければいい。

この経験主義、この偶然、この個人主義、そしてこのアナーキーは終わらなければならない。

それを読む者たちよりはるかにずっとそれを書く者たちを利する個人的な詩などもうたくさんだ。

閉鎖的で利己的で個人的な芸術の示威などこれを最後にもうたくさんだ。

われわれのアナーキーとわれわれの精神の無秩序はそれ以外のもののアナーキーの機能である——というかむしろそれ以外のものがこのアナーキーの機能である。

私は演劇が変化するには文明が変化しなければならないと信じる者たちの一員ではないが、高度な意味で活用された、可能な限り最も困難な演劇は、物事の局面と形成に影響を及ぼすと信じている。二つの激情の表出、二つの生きた火種、二つの神経磁気の舞台の上での接近は、明日なき乱行における二つの皮膚の接近と同じように完全で、真実で、決定的でさえある何かなのである。

だからこそ私は残酷の演劇を提唱するのである。——今日のわれわれは何もかもおとしめる悪い癖をもっているので、「残酷」という言葉を口にすると、誰もがただちに「血」という意味にとってしまう。しかし「残酷の演劇」とは困難な演劇という意味であり、まず私自身にとって残酷なのである。上演の面では、問題となっているのは、互いに相手のからだを切り刻んだり、のこぎりで生体解剖したり、あるいは、うまく切り取った人間の耳や鼻や鼻孔を袋に入れてわれわれに郵送したりするアッシリアの皇帝たちのように、互いに対して行使し得る残酷ではなく、物事がわれわれに対して及ぼし得るはるかにずっと恐ろしくて必然的な残酷なのだ。われわれは自由ではない。そして天はまだわれわれの頭上に落ちてくるかもしれない。そして演劇はまずそれをわれわれに教えるためにできているのである。

あるいは現代的で今日的な手段によってポエジーの観念と、古代の偉大な悲劇作家たちによって物語られた「神話」の背後にある演劇によるポエジーという高度な観念に立ち戻り、演劇についての宗教的観念を、すなわち瞑想もなく、無用な観想もなく、脈絡のない夢もなしに支持し、ある種の支配的な諸力、すべてを導くある種の概念を自覚しまた所有できるようになり、諸概念が実質的であるときエネルギーを備えているように、要するに秩序をつくり出し、生の水準を高めさせるこれらのエネルギーをわれわれのうちに再び見出せるようになるか、あるいはわれわれはもうなんの反応もなしにただちにわれわれを見捨て、われわれは混乱と飢餓と血と戦争と疫病にしかもうふさわしくないのだと認めさえすればいいかである。

あるいはわれわれはすべての芸術を中心的な態度と必然性に連れ戻し、絵画や演劇で為された身振りと、火山の噴火の溶岩によって為された身振りのあいだのアナロジーを見出すか、あるいは描くこと、わめき散らすこと、書くこと、そして何であれ何かをやることをやめなければならないかである。

私はこの魔術的な基本観念をもつ演劇に立ち戻ることを提案するが、その観念は現代の精神分析によって再び取り上げられ、病人を治すために彼を連れ戻したい状態についての外面的な態度を彼に取らせることに存している。

　私はあのイメージの経験主義を断念することを提案するが、それらのイメージは無意識が偶然にもたらすものであり、それらを詩的な、つまり秘教的なイメージと呼ぶことによってこれまた偶然に発せられるものであって、それはあたかも詩がもたらすこの種のトランス状態は全感受性、すべての神経に反響をもたらさないかのようであり、また詩が漠然とした力であり、その運動を変化させないかのようなのだ。

　私は演劇によってイメージとトランス状態を引き起こす手段についての身体的認識の観念に立ち戻ることを提案するのだが、それはまるで中国の医者が人間の解剖学的広がり全体の上に数々のツボがあることを知っていて、それを刺し、それらの部位が最も微妙な機能に至るまで反応するのに似ている。

　伝達の力とある身振りの魔術的擬態を忘れてしまった者に対して、演劇はそれを再び教えることができるが、なぜならひとつの身振りは彼とともにその力を支え、そして人が為す身振りの力を表すためにともあれ演劇には生身の人間たちがいるからである。

芸術を行うことは、ひとつの身振りを生体組織における反響から奪うことであり、この反響は、もし身振りが必要とされた諸条件のなかで力をもって為されるなら、生体組織を、そしてそれによって個体性全体を、為される身振りにかなった態度をとるように促すのである。

演劇は、直接生体組織に到達するわれわれに残された世界で唯一の場所であり最後の集団的手段であるが、しかもわれわれが沈み込んでいる時代のように神経症と低俗な官能性の時代にあっては、それが抵抗できない物理的手段によってこの低俗な官能性を攻撃する唯一の場所である。

音楽が蛇に働きかけるとすれば、それは音楽が蛇にもたらす精神的概念によるのではなくて、蛇のからだが長く、大地の上でとぐろを巻き、そのからだのほとんど全体が地面に触れているからである。そして音楽の振動が大地に伝わり、とても繊細でとても長いマッサージのように蛇に達する。そこで私は観客に対してうっとりさせられた蛇のように働きかけ、彼らを生体組織を通って最も繊細な概念にまで立ち戻らせることを提案するのだ。

まず最初は大まかな手段によって、やがては凝ったものとなる手段によって。直接的なこれら大まかな手段がはじめに観客の注意を引く。だからこそ「残酷の演劇」において観客は中央にいて、スペクタクルがそれを取り囲むのである。

このスペクタクルにおいて音響効果は恒常的である。音、騒音、叫びが、まずは振動の質のために、次にそれらが表現するもののために探し求められる。

凝ったものとなるこれらの手段において、今度は光が介入する。光はただ彩ったり照らしたりするためだけに使われるのではなく、それとともにその力、その影響、その暗示をもっている。そして緑の洞窟の光は、生体組織を強風の日の光と同じ官能的配置のなかに置くことはない。

音と光の後には行動があり、しかも行動のダイナミズムがある。ここで演劇は生を模倣するどころか、純粋な諸力をもってそれを行うことができれば伝達の状態に置かれる。そしてそれらの力を受け入れようと否定しようと、それでもやはりひとつの語り方があって、それはエネルギッシュなイメージの無意識のなかに、そしてその外部に無償の犯罪を生み出させるものを諸力と呼ぶのである。

暴力的で引き締まった行動は叙情性と相似である。それは超自然的なイメージを、イメージの血を、イメージの血まみれの噴出を、詩人の頭のなかにも、観客の頭のなかにも呼び寄せる。

ある時代の頭に取り憑く軋轢が何であれ、私は観客にやってみろと言いたい、暴力的な舞台が彼に血を浴びせ、自分のうちに卓越した行動の通過を感じ、稲妻のうちに、異常な事件、彼の思考の異常で本質的な運動を目の当たりにした観客に――暴力と血が思考の暴力に奉仕することによって――、できるものなら外で戦争や、暴動や、危険な殺人の観念に身を委ねてみろと言いたい。

こんな風に言ってしまうと、この考えはやりすぎで子供じみて見える。それに例は例を呼び、回復の態度は回復を促し、しかも殺人のそれは殺人を促すと人は主張するだろう。すべては物事が為されるやり方と純粋さしだいである。危険はある。だが、演劇の身振りが暴力的であることを忘れてはならない、それが無私無欲であることを。そして演劇はまさに行動の無益さを教え、行動がひとたび為されたならもう行うべきではなく、行動によって無益化され、しかし裏返されて昇華を産み出す状態の優れた有用性を教えるものであることを忘れてはならない。

だから私が提案するのは、暴力的な物理的イメージが高度な力の渦にとらえられるように、演劇のなかにとらえられた観客の感受性を打ち砕き、催眠術にかける演劇なのである。

心理学を捨てて異常なものを語り、自然の衝突や、自然の精妙な力を舞台にのせ、まず迂回の類い稀な力として示される演劇。デルヴィッシュやアイサウア*のダンスのようにトランス状態を生み出し、正確な手段で生体組織に働きかける演劇、しかもその手段はいくつかの部族の治療の音楽と同じ手段なのだが、われわれはそれをレコードで聴いて感心するだけで、われわれの間でそれを生み出すことはできないのだ。

そこには危険があるが、私は現在の状況ではあえて危険に身をさらす価値があると思う。われわれが生き生きとした事物の状態を再び掻き立てることができるとは思わないし、しかもあえてそれにしがみつく価値があるとは思わない。しかし私は、この落胆と倦怠、すべての無気力と愚かさについて呻き続ける代わりに、この落胆から抜け出すための何かを提案しているのである。

＊モロッコのスーフィー教徒。

演劇と残酷

演劇についてのひとつの観念が失われてしまった。演劇がどこかの木偶《でく》の坊の私生活のなかにわれわれを入り込ませるだけにかぎられ、観客を出歯亀に変えているかぎり、エリートがそれに背を向け、大部分の一般大衆が映画やミュージックホールやサーカスに激しい満足を求めに行くのは理解できることであり、その内容は一般大衆を失望させはしない。

われわれの感受性が至り着いた摩滅がこれほどまでなので、たしかにわれわれはわれわれの神経と心を目覚めさせる演劇を必要としている。

ラシーヌに由来する心理的演劇の弊害は、演劇がもたねばならない直接的で暴力的なあの行動をわれわれに馴染みのないものにしてしまった。今度は映画が、反射光によってわれわれを蹂躙し、機械によって和らげられてもはやわれわれの感受性を結びつけることができず、十年前からわれわれを無益な麻痺状態のなかに抑えつけているが、われわれのすべての能力はそこに沈み込んでいるように見える。

われわれの生きている不安で破局的な時代にあって、出来事に追い越されず、われわれのうちに深い反響を惹き起こし、時代の不安定さを支配する演劇の切迫した必要をわれわれは感じている。

娯楽スペクタクルの長い習慣は深刻な演劇の観念をわれわれに忘れさせてしまったが、それはわれわれのすべての表象をひっくり返し、イメージの灼熱の磁気をわれわれに吹き込み、一度受けたらもう忘れられない魂の治療法にならってわれわれに作用する。

作用するものはすべて残酷である。追いつめられた極端な行動というこの観念に基づいて演劇は刷新されなければならない。

一般大衆はまず感覚で思考し、普通の心理演劇のようにまず彼らの悟性に訴えかけることは馬鹿げているというあの考えがしみ込んでいるので、「残酷の演劇」は大衆のスペクタクルに訴えるつもりである。規模の大きい、しかし互いにぶつかり合い、痙攣した大衆の動揺のなかに、あのわずかなポエジーを探すつもりであるが、そのポエジーは祭りと群衆、今日ではあまりに稀であるが、人々が街頭に出る日々のなかにある。

恋愛、犯罪、戦争、あるいは狂気のなかにあるものすべて、演劇は、もしその必然性を取り戻したいなら、それをわれわれに返さねばならない。

日常的な恋、個人的な野心、日々の気苦労は、あの類いの見るに耐えない抒情性に対する反作用としてしか価値がないが、その抒情性は大衆の集団が同意を与えた「神話」のなかにある。

だからこそ、有名な登場人物、残忍な犯罪、超人的な献身のまわりに、われわれはスペクタクルを集中しようとするのであって、そのスペクタクルは、古い「神話」の期限切れのイメージに頼らずに、神話の間で揺れ動く諸力を取り出せることが明らかになる。

ひとことで言って、ポエジーと呼ばれるもののなかには生き生きとした力があり、必要とされる演劇の条件において示された犯罪のイメージは、精神にとって、実行されたこの同じ犯罪よりはるかに恐るべき何かであるとわれわれは信じている。

われわれは演劇を信じることのできるひとつの現実に変えたいと思っているが、その現実は心と五感にとってあらゆる真の感覚が内包するあの類いの具体的な咬み傷を含んでいる。われわれの夢がわれわれに働きかけ、現実がわれわれの夢に働きかけるのと同様に、われわれはポエジーのイマージュをひとつの夢と同一視できると考えているが、その夢はしかるべき暴力によって投げつけられる限り有効であるだろう。そしてそれを現実の引き写しではなくほんとうに夢として受け取るなら、それがこの夢の魔術的自由を観客のうちに解き放つことができるなら、恐怖と残酷の刻印だけを認めることができるのなら、観客は演劇の夢を信じるだろう。

そこから残酷と恐怖へのこの呼びかけがわれわれをわれわれのすべての可能性に向き合わせるのだが、しかしより広い面においてであり、しかもその広がりはわれわれの全生命力を測深する。

観客の感受性をあらゆる面で取り上げるために、われわれは回転するスペクタクルを推奨するが、それは舞台とホールを交流が不可能な二つの閉じた世界にする代わりに、観客の塊全体に視覚的で音響的な輝きを発散するはずである。

その上、分析可能で情痴的な感情の領域を出て、外的諸力を示すように俳優の抒情性を役立たせ、そしてこの手段によって、われわれがそれを実現したいように劇場のなかに自然全体を入れるつもりである。

このプログラムがどれほど広大であろうと、それが演劇を上回ることはないし、その演劇は、はっきり言って、古代の魔術の諸力と同一化するように思われる。

実際には、われわれはトータルなスペクタクルの観念を蘇らせたいのだが、そこで演劇はいつの時代にも自らに属していたものを、映画から、音楽から、サーカスから、そして生それ自体から取り戻すことができるだろう。分析の演劇と造形的世界のこの分離はわれわれにはひとつの愚かさに見える。人は精神から身体を、知性から感覚を分離しないし、絶えず新しくなる諸器官の疲労がわれわれの悟性を再びかき立てるために衝撃を必要とする領域においては特にそうである。

したがって、一方には、生体組織全体に訴えかけるひとつのスペクタクルの塊と広がりがあり、他方には、新しい精神のなかで用いられるオブジェ、身振り、記号の集中的な動員がある。悟性に対して為された縮小された部分は台本の精力的な圧縮に通じている。暗い詩的感動に対して為された活動的な部分は具体的記号に恩恵を施す。言葉は精神にほとんど語りかけない。広がりと事物は語る。新しいイメージは語る、たとえ言葉によってつくられていても。しかしイメージが轟き、音でいっぱいになった空間もまた語るが、沈黙と不動性に満ちた空間だけで事足りる広がりを時おり設けることができればの話である。

この原理にしたがって、われわれはひとつのスペクタクルを上演する予定であるが、そこでは直接的行動のこれらの手段はその全体性において用いられる。したがってリズムや、音や、言葉や、反響や、鳥の囀りによって、われわれの神経の感受性の探検のなかを必要なだけ遠くまで進むことを恐れないスペクタクルであって、その質と驚くべき合金はあるテクニックの一部をなしているが、それはまだ暴露してはならない。

それ以外は、はっきり言って、グリューネヴァルトかヒエロニムス・ボスの絵画がスペクタクルは何であり得るかをかなりよく言い表しているが、そこでは何らかの聖人の頭のなかでのように、外部の自然の物事が諸々の誘惑のように見えるだろう。

そこでこそ、この誘惑のスペクタクルにおいて、人生は失うべきすべてをもっていて、演劇はそのほんとうの意味を再び見出すに違いないのだ。

もっともわれわれはひとつのプログラムを示したが、それによってその場で見つかる純然たる演出の手段が、誰もが知っている歴史的あるいは宇宙的な主題のまわりに組織されることが可能になるはずである。

「残酷の演劇」の最初のスペクタクルは、どんな個人の関心事よりもはるかにずっと喫緊ではるかにずっと不安な関心事をめぐって繰り広げられるだろうという事実をわれわれは強調する。

いま問題となるのは、パリで、その兆しがある動乱の前に、財源主であれそれ以外のものであれ、十分な実現の手段を見つけ、そのような演劇が生きることを可能にできるかどうか、この演劇は未来そのものなのだから、とにかくそれが持ちこたえられるかどうかを知ることである。それともこの残酷をあらわにするには、すぐさま少しばかりの本物の血が必要であるかどうかを。

一九三三年五月

残酷の演劇＊
（第一宣言）

現実と危険との魔術的で残忍なつながりによってしか価値のない演劇の観念を売り渡したままでいることはできない。

このように提起されるなら、演劇の問いは一般の注意を目覚めさせるはずであるが、演劇が、その物理的側面によって、なぜならそれは実際には唯一の現実的なものである空間における表現を要求するからだが、刷新された悪魔祓いのように、有機的に、その全体において、芸術と言葉の魔術的手段が発揮されることを可能にす

＊最初、「宣言」というタイトルで、『NRF』誌二二九号（一九三二年十月一日）に掲載された。

るのは暗に了解されていることだからである。こういったすべてのことから、演劇にそれ特有の行動の力を取り戻させるには、まず演劇にその言語を返してやるのが先決であるということになる。

要するに、決定的で神聖なものと見なされた台本に戻るのではなく、何よりも重要なのは、台本への演劇の従属を断ち切り、そして身振りと思考との途上にある一種の唯一の言語の概念を再び見出すことである。

この言語は、対話形式の言葉による表現の可能性に対立する可能性、動的表現による、ならびに空間における可能性によってしか定義することはできない。そして演劇が言葉からまだ奪い取ることができるもの、それは語の外への拡大の、空間における発展の、感受性に対する解離的で振動的なプロットの可能性である。まさにここに介入するのはひとつの語の抑揚と特殊な発音である。まさにここに介入するのは、音の聴覚的言語のほかに、オブジェ、動き、ポーズ、身振りの視覚的言語であるが、ただしこれらの記号を一種のアルファベットに変えることによって、それらの意味、それらの表情、それらの組み合わせを記号にまで延長するならばである。空間におけるこの言語、音、叫び、光、オノマトペの言語を自覚するなら、演劇は、登場人物と事物によって本物の象形文字をつくり、それらの象徴主義と、あらゆる器官に対するすべての面でのそれらの照応を利用することによって、この言語を組織しなければならない義務がある。

　したがって演劇にとって問題となるのは、心理的で人間的な足踏み状態から演劇をもぎ取るために、言葉、身振り、表現の形而上学を創造することである。しかしそんなすべてのことは、このような努力の背後に、現実的な一種の形而上学的誘惑、いつにないいくつかの観念への呼びかけがないなら役に立ちはしないし、その運命はまさしく限定されず、形式的にデザインできないことにある。「創造」、「生成」、「カオス」に接するこれらの観念は、しかもすべて宇宙的秩序に属し、演劇が完全にその習慣を失ったひとつの領域についての最初の考え方を提供する。それらの観念は「人間」と「社会」と「自然」と「事物」の間の一種の魅惑的な方程式を創造することができる。

　しかも提起される問題は、舞台の上に直接形而上学的観念を招来させることではなく、これらの観念のまわりにさまざまな誘惑や通気を創造することである。そしてアナーキーをともなったユーモア、その象徴主義とイメージをともなったポエジーが、最初の概念としてこれらの観念への誘惑を方向づける手段を与えるのである。いまこそこの言語のもっぱら物質的な側面について語らねばならない。すなわち感受性に働きかけるためにこの言語がもつすべての方法とすべての手段についてである。

この言語が、音楽、パントマイム、物真似に助けを求めると言っても虚しいだけだろう。それが動き、ハーモニー、リズムを使うのは確かであるが、ただ特別な芸術のための利益なしに、それらのものはある種の中心的表現に貢献できるくらいである。これが意味するのはまた、この言語は普通の事件や普通の情熱を使うということではなく、「ユーモア＝破壊」が笑いによって理性の習慣とこの言語を和解させるのに役立つことができるのと同じように、ひとつの踏み台としてである。

しかし表現のまったく東洋的な意味をもってすれば、この客観的で具体的な演劇の言語は諸器官を追いつめ、締めつけるのに役立つ。それは感受性のなかを駆けめぐる。言葉の西洋的利用を捨てるなら、それは呪文の語をつくりだす。それは声を発する。それは声の振動と特性を利用する。それは狂ったようにリズムを足踏みさせる。それは音を砕く。それは感受性を興奮させ、麻痺させ、魔法にかけ、停止させることを目指す。それは身振りの新しい抒情性から感覚を解放するが、その沈殿作用によって、あるいは大気のなかに広がることによって、ついには語の抒情性を凌駕する。最後にそれは言語への知的隷属を断ち切るのだが、新しくてより深い知的状態を与えることによってであり、それは特殊な悪魔祓いの尊厳にまで高められた身振りと記号の下に隠れている。

というのもこの磁気のすべて、このポエジーのすべて、そして直接的な魔法の手段は、もしこれらのものが物理的に何らかの問題解決の示唆を精神に与えないなら、もし真の演劇が、われわれが支配しているのはその一面にすぎず、その完成が別の面にある創造の感覚をわれわれに与えることができないならば、何ものでもないだろう。

そしてこれら別の面が精神によって、すなわち知性によって実際に征服されていることは重要ではないし、それはそれらを弱体化させることであるし、面白みはないし、意味もない。重要なのは、確かな手段によって、感受性がより深められより繊細な知覚の状態に置かれることであり、そこにこそ魔術と儀式の目的があるのであって、演劇はその反映にすぎないのである。

技術

したがって問題となるのは、語の本来の意味において、演劇をひとつの機能にすることである。それは動脈のなかの血の循環や、脳のなかの夢のイメージの見かけの上では混沌とした発展と同じように局所化され、同じように厳密な何かであるが、このことは注意力の効果的な連鎖や真の隷属化によって為される。

演劇は観客に夢の正真正銘の沈殿物を提供することによってしか再びそれ自身になることはできないであろうし、要するに真の幻想の手段を構成することはできないであろうが、その夢にあっては、観客の犯罪趣味、その性的強迫観念、その粗暴性、その幻想、生と物事についてのそのユートピア感覚、その人食い本能さえもが、仮定的で錯覚じみた面ではなく、内的な面でどっと溢れ出す。

言葉を換えるなら、客観的で説明的な外的世界のすべての様相のみならず、内的な、要するに形而上学的に考えられた人間の世界を再び疑うことを、あらゆる手段によって続行しなければならない。このようにしてはじめて演劇において想像力の権利を再び口にすることができるだろうとわれわれは信じている。もしスペクタクルのすべてとなる驚くべき諸形態群を、アナーキーに、生産的に破壊することによって、人間を、現実についてのその観念と現実におけるその詩的場所を、有機的に再び疑問に付すことができなければ、「ユーモア」も、「ポエジー」も、「想像力」も、何の意味もないのである。

しかし演劇を受け売りの心理的あるいは道徳的機能のように見なすことは、そして夢それ自体がひとつの代理機能にすぎないと信じることは、夢と演劇の奥深い詩的射程を減少させることである。演劇が夢と同じく血に飢えて非人間的であるのは、それだけにとどまらず、そこでは生が一瞬ごとに一刀両断にされ、創造におけるすべてがわれわれわれの構成された存在の状態に逆らって高まり行使される永遠の対立と痙攣の観念を示し、われわれのうちにそれを忘れがたく植えつけるためであり、いくつかの「寓話」の形而上学的観念を具体的で現在的な仕方で永続化するためであるが、その残忍さとエネルギーは本質的原理における起源と内容を十分に証明している。

そうであるなら、それらのエネルギーを詩的に注入する諸原理との近さゆえに、潜在的ではなく現実的な言語であるこの裸の演劇言語は、人間の神経磁気の使用によって、芸術と言葉の通常の限界を侵犯し、積極的に、つまり魔術的に、真の表現によって、一種の全体的な創造を実現することを可能にしなければならないのであるが、そこにあってはもはや夢と出来事の間に自らの場所を取り戻すことしか人間には残されていないのである。

テーマ

超越的な宇宙的関心事によって観客を蹂躙することが問題なのではない。それにしたがってスペクタクルのすべてを読み取る思考と行動の深遠な鍵があるとしても、そんなことに関心のない観客には普通は関係がない。それでもやはりそこに鍵がなければならないのだし、それはわれわれに関係があるのだ。

＊

スペクタクル――どんなスペクタクルも誰にでも感じとれる物理的で客観的なひとつの要素を含んでいるだろう。叫び、呻き、出現、不意打ち、あらゆる種類のどんでん返し、いくつかの儀式モデルから取られた衣装の魔術的な美しさ、光の輝き、声の呪文的な美しさ、ハーモニーの魅力、音楽の珍しい音色、オブジェの色彩、その強弱が誰にでも馴染みの運動の拍動に共鳴する運動の物理的リズム、新しくて思いがけないオブジェの具体的出現、仮面、何メートルもあるマネキン人形、光の突然の変化、寒暖を呼び覚ます光の物理的作用、等々。

演出――舞台の上での台本の単なる屈折の度合いではなく、あらゆる演劇的創造の出発点と見なされる演出のまわりに、演劇の言語の型は構成されるだろう。そしてこの言語の使用と操作のなかに作者と演出家の古くさい二元性は溶解するであろうが、作者と演出家は唯一の「創造者」にとって代わられ、スペクタクルとプロットという二重の責任が彼に課せられるだろう。

舞台の言語――問題となっているのは、分節される話し言葉を廃止することではなく、語が夢のなかでもっている重要性とほぼ同じものをそれに与えることである。それ以外のものについては、この言語を書きとめる新しい手段を見つけなければならない、これらの手段が音譜の表記法に類似しているにせよ、暗号の言語を使うにせよ。

記号の地位にまで高められた通常のオブジェあるいは人間の身体に関しては、象形文字から発想を得ることができるのは明らかであるが、これらの記号を読解可能にして、好きなときに再現しそれを書きとめるためだけではなく、正確で直接読み取ることができる象徴を舞台の上で構成するためである。

他方では、この暗号言語とこの音楽的表記法は声を転写する手段として貴重である。

この言語の基本には、抑揚の個別的使用を行うということがあるので、これらの抑揚は一種のハーモニーのバランス、話し言葉の第二の変形を構成しなければならないのであるが、それを好きなときに再現しなければならないだろう。

同様に仮面の状態でとらえられた数限りない表情は、この舞台の具体的な言語に直接的にして象徴的に関与するためにレッテルを貼って目録化されねばならないが、このことはそれらの特別な心理的使用とは関係ない。

さらにこれらの象徴的身振り、これらの仮面、これらのポーズ、これらの個別または全体的な動きは、その無数の意味が喚起的身振り、感情的または恣意的ポーズ、リズムと音の激しい集中砲火といった演劇の具体的な言語の重要な一部を為しているが、すべての衝動的身振り、すべてのやりそこなったポーズ、精神と言語の言い間違いの集積から構成されたさまざまな種類の反射的身振りとポーズによって増幅されることになり、それらを通して話し言葉の無能力と呼び得るものが姿を現し、そしてそこには驚くべき表現の豊かさがあり、われわれは折にふれ必ずそれに訴えかけるだろう。

加えて音楽についての具体的観念があり、音は登場人物のように介入し、ハーモニーは二つに断ち切られ、語の正確な介入のなかに消える。

ある表現手段から他の表現手段へ、照応と階層が生み出される。そして明確な知的意味をもたないものは光にいたるまで何もない。

楽器――楽器はオブジェの状態で、舞台装置の一部を為すものとして用いられるだろう。

さらに器官によって感受性に直接深く働きかける必要から、音響的観点からすれば、絶対につねならぬ音の特性と振動を、現在の楽器がもっていない特性、しかも古いか忘れられた楽器の使用を復活させるように駆り立てる特性を探し求めるか、それとも新しい楽器を創りだすべきである。これらの特性はまた、音楽とは別に、金属の特殊な溶解や新しくなった合金に基づいて、オクターヴの新しい音叉に達することができ、耐え難い、神経にさわる音や騒音を生み出すことができる道具と装置を探し求めるように駆り立てる。

光・照明——現在劇場で使われている照明器具ではもはや十分ではない。精神に対して光の特殊な作用が介在するので、光の揺らめきの効果が探求されなければならないが、波状に、あるいは層状に、あるいは火の矢の一斉射撃のように照明を撒き散らす新しい方法である。現在使用されている装置の色彩の範囲はくまなく見直すべきである。特別な色調の特質を生み出すために、光のなかに微弱さ、濃さ、不透明さを再び導入すべきであるが、暑さ、寒さ、怒り、恐怖、等々を生み出すためである。

衣装――衣装に関しては、そしてすべての戯曲のための同じ衣装、一様な演劇の衣装があり得ることを考慮に入れないとしても、現代的な衣装はできる限り避けられるだろうし、それは昔の衣装のフェティシュで迷信的な趣味からではなく、大昔のいくつかの儀式用衣装は特定の時代のものでありながら、それらの衣装を生んだ伝統と近しいがために啓示的な美と外観を保持していることが明らかであるからだ。

舞台・ホール――われわれは舞台とホールを廃止し、間仕切りも、いかなる種類の柵もないいわばただひとつの場所をこれに代えるが、それは行動の演劇そのものとなるだろう。行動のまっただなかに置かれた観客が直接的交流に包まれ、縦横に踏破されるが故に、その交流が観客とスペクタクル、俳優と観客の間に打ち立てられるだろう。この包み込みはホールの形状そのものに由来する。

こうして現在ある劇場のホールを放棄して、われわれは何らかの倉庫や納屋を手に入れるだろうし、いくつかの教会や聖なる場所、そしてチベット高地の寺院の建築の域に達した手法にしたがってそれを再建させるだろう。

この建築の内部には高さと奥行きの特殊な比率が支配するだろう。ホールは四つの壁に閉ざされ、どんな種類の装飾もなく、ホール中央の低い場所で可動式の椅子に座った観客は、彼の全周囲で起こるスペクタクルを追うことができるだろう。実際、言葉の通常の意味で舞台が存在しないことは、ホールの四隅で行動が展開されるように促すだろう。俳優と行動のために、ホールの東西南北の四つの基点に特別な場所が充てられるだろう。諸々の場面は、石灰で塗られ、光を吸収するために用意された壁を背景に演じられるだろう。さらに高みには、回廊が、前ルネッサンスのいくつかのタブローに見られるように、ホールの全周囲に延びているだろう。これらの回廊によって、プロットがそれを必要とするたびに、俳優たちがホールの一地点から別の地点へと追いかけ合うことができるし、すべての階において、そして高さと奥行きにおける遠近法のすべての方向において、行動が繰り広げられることができる。一方の端で発せられた叫びは、相次ぐ増幅と変化をともなって口から口へと反対の端まで伝わることができるだろう。行動はその輪舞をゆるめ、階から階へ、一点から一点へその軌道を広げ、絶頂が突然生じ、別々の場所で火事のように燃え上がるだろう。そしてスペクタクルの真の幻影的特徴は、観客に対する直接的で即座の影響と同じく、虚しい言葉ではないだろう。というのも広大な空間へのこの行動の伝播によって、舞台の照明と上演のさまざまな光の当て方は、登場人物と同じく観客の心をつかむことを余儀なくされることになるからである。——そしていくつかの同時の行動に、群れのように互いにしがみついた登場人物たちがすべての状況の襲来、そして元素と嵐の襲来を堪え忍ぶ同一の行動のいくつかの位相に、照明、雷鳴、あるいは風の物理的手段が対応し、観客はそのとばっちりを食らうだろう。

しかしながら、中央の場所は残され、厳密に言って舞台の代わりをするのではなく、プロットの山場に必要なときに集結し大団円を迎えることを可能にしなければならないだろう。

オブジェ・仮面・小道具——マネキン人形、巨大な仮面、おかしな比率のオブジェが、言語的イメージと同じ資格で現れ、あらゆるイメージとあらゆる表現の具体的側面を強調するだろう——その代わりに通常は客観的な端役の役割を必要とする事物は引っ込められるか隠されるだろう。

舞台装置——舞台装置はないだろう。この典礼のためには、象形文字のような登場人物、儀式的衣装、嵐のなかに立つリア王の髭を表す十メートルの高さのマネキン人形、人間ほどの大きさの楽器、未知の形と用途をもつオブジェで十分だろう。

現代性——だが、それほど人生から、事実から、現代的な関心事から遠い演劇とは……と人は言うだろう。時事性と出来事からは、そうだ！　関心事なら、それがもつ深遠なところ、幾人かの者たちの占有物であるものにおいては、そうではない！　それに『ゾーハル』*における、火のように燃えるラビ・シメオンの物語は火のように現代的である。

作品——われわれは書かれた戯曲を演じることはないが、知られたテーマや事実や作品をめぐって直接的演出を試みるだろう。ホールの本性とまさに配置がスペクタクルを要求しているし、どれほど広大なものであろうと、われわれに禁じられるテーマはない。

スペクタクル――再び生み出さねばならない全面的なスペクタクルの観念がある。問題は、語らせること、空間を肉づけし満たすことである。平らな岩の壁に押し込まれた坑道のように、そしてそれは間歇泉と花束を突然生みだすだろう。

俳優――俳優は同時に第一の重要性をもつ要素であるが、スペクタクルの成功は彼の演技の有効性にかかっていて、しかも一種の受動的で中性的な要素であって、どんな個人的な主導権も彼には厳しく禁じられているからである。しかもそれははっきりした規則のない領域である。そして単なるすすり泣きの資質を求められる俳優と、個人的な説得力の資質をもって演説を行わねばならない俳優の間には、人間を道具から隔てる余白のすべてがある。

＊中世ユダヤ教神秘主義カバラの経典。『トーラー』（モーセ五書）の註解書。スペインのカバリスト、モーシェ・デ・レオンが書いたとされる。

演技——スペクタクルはことごとくひとつの言語として暗号化される。こうして無駄な動きはなく、すべての動きがひとつのリズムに従うだろう。そしてそれぞれの登場人物は極端に典型化されているので、その身振り手振り、その表情、その衣装は、同じだけの一筋の光のように見えるだろう。

映画——在るものの粗雑な視覚化に対して、ポエジーによる演劇は無いもののイメージを対立させる。しかも行動という観点では、どんなに詩的であろうとフィルムによって制限される映画のイメージと、生のすべての要求に従う演劇のイメージを比較することはできない。

残酷——どんなスペクタクルの基盤にもある残酷の要素なしには、演劇は可能ではない。われわれのいる衰微の状態にあっては、皮膚によってこそ形而上学は精神に戻されるだろう。

観客——まずはこの演劇が存在しなければならない。

プログラム——台本を考慮に入れずに、われわれは次のような作品を演出するだろう。

一、シェイクスピアの時代の作品の翻案。それが『フェヴァシャムのアーデン』のようにシェイクスピア作であることがはっきりしない戯曲であれ、同じ時代のまったく別の戯曲であれ、精神の現在の混乱状態に完全に見合っている。

二、レオン＝ポール＝ファルグの極端な詩的自由をもつ戯曲。

三、『ゾーハル』の抜粋。つねに現前する火事の暴力と力を備えたラビ・シメオンの物語。

四、青髭の物語。記録文書にしたがって再構成され、エロティシズムと残酷の新しい観念をともなう。

五、聖書と歴史による「エルサレム占領」。流れ出る血の赤い色と、光のなかにまで見ることができる人々の見捨てられた様子とパニックの感情をともなう。そして他方では、預言者たちの形而上学的論争。それが生み出す恐ろしい知的動揺をともなうが、その余波は物理的に「王」と「寺院」と「下層民」と「事件」に及ぶ。

六、サド侯爵の短編。そこではエロティシズムが、残酷の暴力的な外在化の方向、他のものは隠す方向で、移し替えられ、寓意的に描かれ、粉飾されるだろう。
七、ひとつまたはいくつかのロマン派のメロドラマ。そこでは荒唐無稽がポエジーの活動的で具体的なひとつの要素となるだろう。
八、ビュヒナーの『ヴォイツェック』。われわれの原理に対する反発精神によって、そして正確な台本から舞台に引き出すことのできる例として。
九、エリザベス朝演劇の諸作品。台本を剝ぎ落とし、その当時の妙な身なりと状況と登場人物と行動だけが残されるだろう。

残酷についての手紙

第一の手紙

一九三二年九月十三日、パリ

J・Pへ*

親愛なる友、

私の「宣言」についてその語調を台無しにしてしまいかねない詳細な説明をあなたに与えることはできません。私にできるのは、「残酷の演劇」というタイトルを

＊ジャン・ポーラン宛。

暫定的に解説し、その選択を正当化することだけです。

この「残酷」においてはサディズムも血も問題となってはいません、少なくとも独占的な形では。

私は一貫して恐怖を培っているのではありません。残酷というこの言葉は広い意味で取らなければならないですし、通常この語に与えられている物質的で獰猛な意味ではないのです。そしてそうしながら私は、言葉の慣用的な意味と決別し、今度こそその土台を壊し、首枷を吹っ飛ばし、最後に言語の語源的な大元に立ち戻る権利を要求しているのですが、その大元は抽象的な概念を通してつねに具体的な観念を喚起しているのです。

肉を切り裂かなくても、純然たる残酷をちゃんと想像することができます。そして哲学的に言って、そもそも残酷とは何なのか。精神の観点からすれば、残酷は厳格を、熱心と仮借ない決定を、不可逆的で絶対的な決意を意味します。

最もありふれた哲学的決定論は、われわれの実存という観点からすれば、残酷のイメージのひとつです。

間違って人は、残酷という語に、血まみれの厳格さや、肉体的苦痛の無償で無私無欲な探求という意味を与えているのです。エチオピアの王侯は敗れた君主たちを運び、彼らに奴隷になることを強いますが、彼がそうするのは血に対する絶望的な愛からではないのです。実際、残酷は流された血や、殉教者の肉体や、十字架にかけられた敵の同義語ではありません。残酷と拷問のこの同一視は問題のごく小さな側面です。人が行う残酷のなかには一種の高度な決定論があり、拷問執行人自身もそれに従い、しかも場合によっては、彼はそれに耐えることを決意しているはずなのです。残酷は何よりもまず明晰なものであり、それは一種の厳格な方針であり、必然性への服従なのです。意識なしには、一種の応用された意識なしには、残酷はありません。あらゆる生の行為の行使にその血の色を、残酷なニュアンスを与えるのは意識です、生とはつねに誰かの死であることは了解済みなのですから。

一九三二年十一月十四日、パリ

第二の手紙

J・Pへ

親愛なる友、

残酷は私の思想に余分につけ加えられたのではありません。それはいつも私の思想のうちに生きていたのです。しかし私はそれを自覚しなければなりませんでした。私は残酷という語を、生の欲求と宇宙の過酷さと仮借のない必然性という意味で、闇を貪り食らう生の渦というグノーシス的意味で、その避けがたい必然性の外では生が自らを行使できないあの苦悩の意味で用いています。善は望まれ、それはある行為の結果であり、悪は恒久不変です。隠れた神は、彼が創造するとき、彼自身に強いられた創造の残酷な必然性に従っていますし、しかも神は創造せざるを得ないのですが、したがって善の自発的な渦の中心に、次第に小さくなり、次第に蝕まれていった悪の核を認めざるを得ないのです。そして演劇は絶えざる創造、完全なる魔術的行動という意味でこの必然性に従うのです。この意志がないような戯曲、盲目的で、すべてを大目に見ることができ、それぞれの身振り、それぞれの行為、そして行動の超越的側面のなかに見ることのできるこの生の欲求がないような戯曲は、無駄で失敗した戯曲であるでしょう。

第三の手紙

一九三二年十一月十六日、パリ

R. de R. 氏へ*

親愛なる友、

私のタイトルに対して為された反論を理解することも認めることもできないと白状しましょう。というのも創造と生それ自体は、一種の厳格さ、したがって根本的な残酷によってしか定義されないし、その残酷が創造と生の避けがたい目的へどんな代価を払おうと物事を導くように私には思われるからです。

努力はひとつの残酷であるし、努力による実存はひとつの残酷です。休息から抜

*アンドレ・ロラン・ド・ルネヴィル宛。

け出し、存在にまで伸びたブラフマーは苦しみます、おそらく喜びの倍音を返しはするが、しかし曲線の最後の末端では恐ろしい粉砕によってしか表現されない苦しみです。

生の火のなか、生の欲求のなか、生への説明のつかない衝動のなかには、一種の最初の悪意があります。エロスの欲望は偶発事を燃やすのでひとつの残酷です。死は残酷であり、復活は残酷であり、変容は残酷です、あらゆる感覚において、円環的で閉じた世界のなかには、真の死のための場所はないからですが、昇天はひとつの分裂であり、閉じた空間は生に養われ、そしてより強力なそれぞれの生は他の諸々の生を通り抜け、したがってひとつの変容でありひとつの善である大量殺戮のなかでそれらを食べるからです。明示された世界のなかでは、そして形而上学的に言って、悪は恒久不変の掟であり、しかも善であるものはひとつの努力であり、すでに別の残酷につけ加えられたひとつの残酷なのです。

それを理解しないことは、形而上学的観念を理解しないことです。私のタイトルは制限されているなどと後から言ってもらいたくありません。残酷によって、事物は凝固し、被造物の計画が形をなすのです。善はつねに外面にありますが、内面はひとつの悪です。悪はそのうち小さくなるでしょうが、しかし形あるものすべてがカオスに戻ろうとするまさにその最後の瞬間においてなのです。

言語についての手紙

第一の手紙

一九三一年九月十五日、パリ

B・C氏へ*

拝啓

あなたは演出と演劇についての記事のなかで次のように断言されています。「演出を自立した芸術と見なすなら、最悪の間違いを犯す危険がある」。

そして、

「演劇の仕事のスペクタクル的側面である紹介は、単独行動をとったり、まったく独立して決定づけられるべきではない」。

そしてあなたはしかもそこには第一の真実があると言っておられる。

演出をマイナーな御用芸術としか見なさないなら、そして最大限の独立性をもってそれを用いる者たちさえもがそれに対して根本的な独創性を認めないなら、まったくあなたのおっしゃるとおりです。最も自由な演出家たちの精神においてさえ、演出が、単なる紹介の手段、作品を示す付随的な方法、固有の意味をもたない一種の見世物的な幕間寸劇のままである限り、それが役立っているつもりの作品の陰に何とか隠れおおせているのと同じだけの価値しかないでしょう。そして上演された作品の興味の大部分がその台本にあるうちは、上演の芸術――演劇において、不適切にもスペクタクルと呼ばれる上演より、この名称が引きずっている付随的で、儚い、外面的なものとともども、文学が先んじているうちは、それはずっと続くことでしょう。

これこそが他のどんなものにもまして第一の真実であると私には思われます。そ

＊バンジャマン・クレミュー宛。

れは、独立して自立した芸術である演劇には、復活するために、あるいはただ生きるために、台本から、純然たる言葉から、文学から、そして書かれ固定されたすべての手段から演劇を区別するものをちゃんと示す義務があるということなのです。

台本の優位を基本とする演劇をちゃんと考え続けることはできますが、それではますます言葉だけの、冗長で、退屈な台本に基づくことになるでしょうし、舞台の美学はそれに服従するでしょう。

しかし一列に並べられたいくつかの椅子や長椅子に登場人物たちを座らせ、どんなにそれが素晴らしくてもお話を互いに語り合うことにあるこうした考え方は、おそらく演劇の絶対的否定であり、演劇があるべき姿であるための運動を絶対に必要としませんし、それはむしろ演劇の堕落であるでしょう。

演劇が本質的に心理的なものになってしまい、感情の知的錬金術となり、演劇に関して芸術の絶頂がついに沈黙と不動性をある種の理想とするようになることは、舞台の上での集中という観念の堕落以外のものではありません。

しかし、多くの表現手段があるなかで、例えば日本人たちによって用いられるあの演技の集中は、他にも多くの手段があるなかのひとつの手段としてしか価値がないのです。そしてそれを舞台の上でひとつの目標とすることは、舞台を使うことを自らに禁ずることであり、誰かがひとりのファラオの死骸をそこに住まわせるためにピラミッドを有し、ファラオの死骸が壁龕《へきがん》に収まるからといって、壁龕だけで満足し、ピラミッドを爆破してしまうようなものです。

彼は哲学的で魔術的なシステムを同時に爆破するでしょうし、壁龕はその出発点にすぎず、死骸はその条件にすぎないのです。

他方では、台本を犠牲にして舞台装置を大切にする演出家は間違っていますが、彼がもっぱら演出を気にかけていると非難する批評家よりはおそらく間違ってはいないでしょう。

というのも戯曲において実際に特徴的に演劇的なスペクタクルの一部である演出を大切にすることによって、演出家は舞台化というものに関わる演劇の真の路線にとどまっているからです。しかしどちらの場合も言葉を弄んでいます。というのも、もし演出という言葉が習慣によってこの貶める意味をもったのだとしたら、それは演劇についてのわれわれのヨーロッパ的な考え方に関わることであり、この考え方は分節言語を他のすべての表現手段より優位に立たせるからです。

語による言語があり得べき最良のものであるとはまったく証明されていません。そして何よりもまず満たすべき空間であり、何かが起こる場所である舞台の上では、語による言語は、記号による言語に席を譲りますし、その客観的様相はただちにわれわれの心を最も打つものであるように思われます。

この角度から考えるなら、身振りの背後に語が消えるが故に、演劇の造形的で審美的部分が装飾的な幕間寸劇の性質を放棄し、言葉の固有の意味で直接伝わる言語になるが故に、演出という客観的な仕事は一種の知的尊厳を取り戻すのです。

別の言い方をすれば、もし語られるのにうってつけの戯曲において、演出家が、多少とも巧みに照明された舞台装置の効果や、集団の機能や、人目につかない動きなど、台本に詰め込みすぎなだけの、表面的と言い得るすべての効果について迷うことが間違いであるとしても、その空間的必然性を取り逃がしているように見える舞台に訴えかけることなく、本だけで満足できたような作者より、この演出家はそうすることではるかにずっと演劇の具体的現実の近くにいるのです。

すべての偉大な悲劇作家の高度な演劇的価値をとり上げて人は私に反論するかもしれませんが、彼らにあって支配的であるように思われるのは、まさに文学的、あるいはいずれにせよ語られた側面なのです。

それに対して私はこう答えるでしょう、今日、われわれがアイスキュロスや、ソポクレスや、シェイクスピアについてそれほど彼らにふさわしい観念を与えることができないことを示しているのは、われわれがおそらくは彼らの演劇の身体感覚を失ってしまったからである、と。発声法、身振りの仕方、舞台のリズムすべての、直接的に人間的で効果的な側面をわれわれが取り逃がしているからなのです。彼らの主人公の心理についての見事な語りの解剖と同じだけの、さもなければさらなる重要性をもつべき側面をです。

この側面によって、時代とともに変化し、感情を現実化するこの正確な身振りの仕方によって、彼らの演劇の深い人間性を再び見出すことができるのです。

しかしそうであっても、この身体が実在しているとしても、これらの偉大な悲劇作家たちのうちの誰ひとりとして演劇それ自体ではないのだし、演劇それ自体とは舞台の物質化に関わるものであって、ただ物質化だけを生きるのだと私はなおも断言するでしょう。なんなら演劇は低級な芸術であると言えばいいのです――一見の価値があります！――だが演劇は、舞台の空気を満たし、それに生気を与えるある種のやり方のなかにありますが、それは宙吊り状況の創作者である人間の感情、感覚の所与の一点における、しかし具体的身振りによって表現された動乱によるのです。

そんなことよりさらにずっと、これらの具体的身振りは、語られた言語の必然性を忘れさせるに十分なほど強力な効力をもっていなければなりません。ところで、もし語られた言語が存在するなら、それは揺らいだ空間の新たな動きや中継の手段でしかないはずです。そして身振りの接合は、多くの人間的効能のおかげで、本物の抽象の価値にまで移行しなければならないのです。

ひとことで言って、演劇は具体と抽象の深い同一性の実験的証明の一種になるべきなのです。

というのも言葉による文化のかたわらには身振りによる文化があるからです。世界にはわれわれの西洋言語とは別の言語がいくつもありますが、われわれの言語は観念の没収や枯渇を選択したのですし、そこにあって諸観念は無気力な状態でわれわれに示され、東洋の言語のように自然の類推のシステム全体を通りすがりに揺るがすことがないのです。

演劇がこの類推による巨大な動揺の最も効果的で最も活動的な通過の場所のままであるのは正当なことなのですが、それは抽象のなかのそれら動揺の変容の任意の一点において、飛び去る観念を止めるのです。

諸観念のこれらの軟骨じみた変容を考慮しない完璧な演劇はあり得ません。それは周知の感情とあらゆる事実に、半意識の領域に属する精神の状態の表現をつけ加えますし、しかも身振りの暗示は、語の正確で局限された限定よりもっと巧みにそれをつねに表現するでしょう。

ひとことで言って、なかでも最も高度な演劇の観念は、われわれを「生成」と哲学的に和解させる観念であるし、あらゆる種類の客観的状況を通して、語における感情の変容と衝突よりはるかにずっと、物事における諸観念の通過と変容というひそかな観念をわれわれに暗示すると思われるのです。

さらに、そして演劇がそこから出てきたまさに似たような意志によってですが、帯磁的に人間がその運命と出会う限りにおいてのみ、またその角度でのみ、演劇は人間とその欲求を介入させるべきであると思われます。運命を堪え忍ぶためではなく、それに挑戦するためにです。

第二の手紙

一九三二年九月二十八日、パリ

J・Pへ

親愛なる友、

私の「宣言」を一度読んだのに、あなたがあくまで自分の反論にこだわっているとは信じられません、それともあなたはあれを読まなかったか、まずい読み方をしたということです。私のスペクタクルはコポー*の即興とは何の関係もないでしょう。私のスペクタクルは、どんなに激しく具体のなかに、外のなかに飛び込もうと、脳の閉ざされた部屋ではなく開かれた自然のなかに根を下ろしていようと、そのために俳優の無教養で軽率な着想の気まぐれに委ねられてはいません。とりわけ現代の俳優ですが、彼は台本から抜け出して飛び込むと、もう何もわからないのです。私のスペクタクルと演劇の運命をこんな偶然に委ねないように私は気をつけるでしょう。そうなのです。

実際にはいまにも起ころうとしているのはこのことです。問題となっているのは、まさしく芸術的創造の出発点を変え、演劇のいつもの法則をひっくり返すことです。問題となっているのは、分節言語の代わりに性質の異なる言語を使うことであり、その表現の可能性は語による言語と等価なものですが、しかしその源は思考のさらにもっと埋もれたもっと遠い地点でとらえられるでしょう。

この新しい言語の文法はこれから見つけねばなりません。身振りはその素材であり、頭です。そしてなんならアルファとオメガです。この言語はすでに形をなした話し言葉よりはるかにずっと話し言葉の「必然性」から発しています。しかし話し言葉のなかに行き詰まりを見つけると、それは自発的に身振りに戻ります。それは人間の物質的表現の法則のいくつかを通りすがりにかすめます。それは必然性のなかに飛び込みます。それは言語の創造に至った行程を詩的に辿り直すのです。しかしそれは話し言葉による言語が動かした諸世界についての増加した意識をともなう

＊フランスの演出家、俳優。即興を重んじた。『ＮＲＦ』誌の創刊メンバーのひとりでもあった。

のですが、それらすべての局面においてこの新しい言語がそれを生き返らせるのです。それは人間の音節の成層のなかに含まれ固定された諸関係を見直すのですが、この音節は自らの上に再び閉じることによってそれらの諸関係を殺してしまったのです。それによってその語があの「火事の火つけ人」を意味すると見なされ、「父なる火」は盾のようにそれからわれわれを守り、そしてその語がここで「ジュピター」という形のもとにギリシア語の「父なるゼウス」のラテン語の縮約となるようなすべての操作、叫びによる、オノマトペによる、記号による、ポーズによるこれらの操作、そしてゆっくりとした、ふんだんで熱烈な神経の変容によって、面ごとに、用語ごとに、新しい言語はそれらの操作をやり直すのです。というのも私が原則として提起するのは、諸々の語はすべてを言おうとはせず、本性上、限定されこれを最後に固定されたそれらの性質のせいで、語は思考の発展を許し助長する代わりにそれを停止させ、麻痺させるということであるからです。そして私は、われわれが具体的で広がりのある世界にいるとき、発展を具体的で広がったほんとうの特質という意味にとっています。この言語はしたがって広がりを、すなわち空間を取り囲み利用することを、そしてそれを利用することによってそれに語らせることを目指します。私はオブジェを、広がりの事物を、イメージのように、語のように取り上げますが、私はそれらを象徴主義と生きたアナロジーの法則にしたがって集め、互いに呼応させるのです。あらゆるポエジー、あらゆる将来性のある言語の法則である永遠の法則です。なかでも中国の表意文字とエジプトの象形文字の法則です。したがって書かれた戯曲を演じることはないからといって、私は演劇と言語の可能性を制限するどころか、舞台の言語を広げ、その可能性を倍加させているのです。

私は話される言語にもうひとつ別の言語をつけ加え、その古い魔術的効力、その完全な呪いの効力を話し言葉による言語に返そうと努めていますが、人はその神秘的な可能性を忘れてしまったのです。私が書かれた戯曲を演じることはないと言うとき、私が言いたいのは、書かれたものと話し言葉に基づく戯曲を演じることはないということであり、私が見せることになるスペクタクルにはひとつの優越した身体的部分があるだろうということであって、その部分は語による通常の言語のなかに固定し、書くことができるでしょう。そしてまさに語られ書かれた部分は新しい意味においてそうであるだろうということなのです。

ここ、つまりヨーロッパで、さらには西洋で行われているものとは反対に、演劇はもはや対話に基づくことはないでしょうし、対話自体は、それが最小限残されたとしても、あらかじめ作成され固定されるのではなく、舞台の上で行われるでしょう。対話は、他の言語との相関関係において、必然性、ポーズ、記号、動き、オブジェとともに、舞台の上でつくられ、舞台の上で創造されるでしょう。しかしこれらすべての客観的な試行錯誤は素材からじかに生み出され、そこで「話し言葉」はひとつの必然性、一連の圧縮、衝突、舞台上の軋轢、あらゆる種類の進化の結果のように見えるでしょう――(かくして演劇は再び生き生きとした本物の操作となるでしょうし、この類いの感情の動悸を保ち続けるでしょうが、それがなければ芸術には根拠がないのです)――、これらすべての試行錯誤、これらの探求、これらの衝撃は、ともあれひとつの作品に行き着き、書き込まれ、どんなに小さな細部においても固定され、新しい表記法によって記されたひとつの構成に行き着くでしょう。構成や創造は、作者の頭脳のなかでつくられる代わりに、自然そのもの、現実の空間のなかでつくられるでしょうし、その決定的な結果は、おまけに客観的なとてつもない豊かさをともなって、どんな書かれた作品の結果とも同じように厳密で断固としたままであるでしょう。

追伸——演出に属するものは作者が再び取り戻さねばならず、作者に属するものは同じように作者に返さなければならないのですが、しかし演出家と作者の間のあの不条理な二元性を終わらせるように作者もまた演出家となったのです。

舞台の素材に直接打撃を加えたり、方向を決め、自分の方向づけの力をスペクタクルに課すことによって舞台の上を動き回ったりしない作者は、実際には自分の任務を裏切ったのです。そして俳優が彼にとって代わるのは正当なことです。しかしそのときこの侵害をこうむるしかない演劇にとっては残念なことなのです。

息を拠り処とする演劇の時間は、あるときは大きな呼気の意志のなかに突進し、またあるときは女性的でひき延ばされた吸気のなかに後退し小さくなります。止められた身振りは激しく複雑な蠢きを走らせますが、この身振りはそれ自身のうちにその喚起の魔術をもっているのです。

しかしエネルギッシュで活発な演劇の生に関わる暗示を与えるのがわれわれの好みだとしても、われわれは法則を固定しないように気をつけるでしょう。

たしかに人間の息にはいくつかの原理があり、それらはカバラ的な三要素の組み合わせを拠り処としています。主な三要素は六つありますが、どんな生もそれから生じたのですから三要素の組み合わせは無数です。そして演劇はまさにこの魔術的な呼吸が思いのままに再び生み出される場所なのです。主要な身振りの固定化はそのまわりにせわしない多重の呼吸を求め、増大したこの同じ呼吸は固定した身振りのまわりにその波動をゆっくりと押し寄せさせることができます。抽象的原理はありますが、しかし具体的で造形的な法則はありません。唯一の法則とは詩的エネルギーであり、それは息のつまる沈黙から痙攣の急な描写へ、抑えぎみの個人的な話し言葉からゆっくりと寄せ集められる合唱曲の重たくゆったりとした嵐へ向かうのです。

しかし重要なのは、ある言語から別の言語への段階と眺望を創造することです。空間における演劇の秘密とは、不協和音、音色のずれであり、表現の鎖を弁証法的に断ち切ることなのです。

言語とは何であるかについての観念をもつ者なら、われわれを理解できるでしょう。われわれはそのような人のためにしか書くことはないでしょう。もっともわれわれは「残酷の演劇宣言」を補う何らかの追加の詳細説明を加えます。

核心は「第一宣言」のなかで述べられていますので、「第二宣言」はいくつかの点を明確にすることだけを目指します。使用できる「残酷」の定義を与え、舞台空間の描写を提案します。われわれがそれをどうするかはその後わかるでしょう。

第三の手紙

一九三二年十一月九日、パリ

J・Pへ

親愛なる友、

あなたに対して為され、そして「残酷の演劇宣言」に対して私に為された数々の反論のうちのあるものは残酷に関するもので、私の演劇において、少なくとも本質的な決定的要素として、それが何をやろうとしているのかよくわかっていないのです。他の反論は、私が考えているような演劇に関するものです。

最初の反論については、私に反論を加えた者たちには一理あると思いますが、残酷に関してでも演劇に関してでもなく、この残酷が私の演劇のなかに占める位置に関してです。私がこの語に対してとても特殊な使い方をしていることをはっきりさせるべきであったし、それを挿話的、付随的な意味で、加虐趣味と精神の倒錯から、別個の感情と不健康な態度から、したがって場当たり的な意味で使っているのではないことを言うべきでした。問題となっているのは、悪徳としての残酷、変態的欲求の芽吹きとしての残酷ではまったくありませんし、すでに汚染された肉の上にできた病的なイボのように、血みどろの身振りによって表現されるものではなく、反対に、超然とした純粋な感情、精神のほんとうの運動であり、これは生そのものの身振りからひき写されたものでしょうし、しかも形而上学的に言って、生は、なぜならそれは広がりと厚みと重みと物質を受け入れるからなのですが、悪に、空間に、広がりと物質に本質的に属するものすべてを直接的な結果として受け入れるというこの考えにおいてなのです。こういったすべてのことは、意識と苦痛に、そして苦痛のなかにある意識に行き着きます。そしてそれらのものとともに、これらの偶発事すべてがどんな盲目的な過酷さをもたらそうと、生は必ずや行使されますし、さもなければそれは生ではないでしょう。しかしこの過酷さ、向こうへ行ってしまい、耐えがたい苦しみとすべての足踏み状態のなかで行使されるこの生、この容赦ない純粋な感情、残酷とはまさにこれなのです。

したがって私は、「生」と言ったり、「必然性」と言ったりするように、「残酷」と言うのですが、なぜなら私が特に示したいのは、私にとって演劇は行為そして永遠の発露であり、そのうちにはこわばったものは何もなく、真の、つまり生き生きとした、つまり魔術的な行為と演劇を私は同等に扱うからです。

私が演劇に対して抱いている、高度な、そしておそらくは過剰な、いずれにせよ生き生きとして暴力的な観念に演劇を近づけるすべての手段を、私は技術的かつ実践的に探しています。

「宣言」それ自体の作成については、それがぶっきらぼうで、大部分が失敗だったことを認めます。

つっけんどんで恐ろしげな様相をもつ、厳格で、思いがけない諸原理を提起していますが、私がそれらを裏づけると予想されるときに、次の原理に移っています。はっきり言って、この「宣言」の弁証法は弱い。ある観念から別の観念につなぎなしに飛んでいます。どんな内的必然性も採用された配置を正当化していません。

後のほうの反論に関しては、一種の造物主となった演出家は、頭の後ろに容赦ない純粋性の観念を、どんなことをしても結果をだすという考えをもっていて、彼が本物の演出家、つまり素材と対象を扱う人間になりたいのであれば、身体的領域において、強度の動きや、悲壮で正確な身振りの探求を育まなければならないと私は主張するのですが、それらの動きや身振りは、心理的な面では最も絶対的で最も完全な道徳的厳格さに、宇宙的な面ではいくつかの盲目的な力の爆発に等しく、それらの力はそれらが動かさなければならないものを動かし、それらが粉砕し燃やさなければならないものを粉砕しついでに燃やすのです。

そして全体の結論は次のとおりです。

演劇はもはやひとつの芸術ではない。あるいはそれは無用な芸術である。それは芸術についての西洋的観念にあらゆる点でかなっている。われわれは装飾的で虚しい感情に、楽しみと絵になる美しさにもっぱら捧げられた目的のない活動にうんざりしている。行動する、しかしまさに定義されるべき面で行動する演劇をわれわれは求める。

われわれは真の行動を必要とするが、しかしそれに実際的な結果はともなわない。演劇の行動が広がるのは社会的な面ではない。道徳的で心理的な面ではさらにない。

そこからわかるのは、問題は単純ではないということです。しかしわれわれの「宣言」がどれほど混沌としていて、わかりにくく、とっつきにくいとしても、真の問いから逃げてはいないことを認めてもらえるでしょう。それどころか正面からそれに立ち向かっているし、これはずっと前からどんな演劇人もあえてやらなかったことです。いままで誰ひとりとして形而上学的である演劇の原理そのものに立ち向かったことはありませんでした。そして価値ある戯曲がごくわずかしかないとしても、それは才能や俳優たちのせいではないのです。

才能の問題は別にして、ヨーロッパの演劇には原理についての根本的な誤りがあります。そしてこの誤りは物事の秩序に結びついていて、才能の欠如は単なる偶然ではなく結果と見なされるのです。

時代が演劇に背を向け、関心をなくしたとすれば、それは演劇が時代を表現することをやめたからです。時代が拠り処にしている「神話」を演劇が提供してくれることを時代は期待していません。

われわれは世界の歴史にあっておそらくまたとない時代を生きていますが、ふるいにかけられた世界は古い価値が崩れ去るのを見ています。黒焦げになった生は根底から解体されます。そしてそのことは道徳的または社会的な面で、欲求の怪物的な爆発、より下品な本能の解放、燃えて、あまりに早く炎にさらされる生のぱちぱちはぜる音によって示されます。

今日の出来事において興味深いことは出来事それ自体ではなく、そのなかに出来事が精神を突き落とすあの精神的沸騰の状態であり、あの極度の緊張の度合いです。それは出来事が絶えずわれわれを沈める意識の混沌状態です。

そしてそういったすべてのことは精神の平衡を失わせることなく精神を揺さぶるのですが、精神にとっては生が本来もっている打音を翻訳する悲壮な手段です。

いやはや、演劇が背を向けたのはこの悲壮で神話的な現代性なのです。これほどまでに現代性に対して無知な演劇に観客が背を向けるのは当然のことです。

したがって現に行われているような演劇に対して想像力の恐るべき欠如を非難することができます。演劇は生と対等でなければなりませんが、個人的な生、「性格」が勝利をおさめる生のあの個人的様相ではなく、一種の解放された生であり、それは人間の個性を一掃し、そこでは人間はひとつの反映にすぎないのです。「神話」を創造すること、これこそ演劇のほんとうの目的ですが、普遍的様相のもとに生を翻訳すること、自分の姿を再び見出したいと思っているイメージを生から抽出することなのです。

そしてそうしながら一種の全般的類似に到達することですが、それはあまりに強力なので、瞬時にその効果を生みだすのです。

どうかそれがわれわれを解放してくれんことを、われわれ、われわれのちっぽけな個性を生贄にした「神話」のなかに、「過去」からやって来た「登場人物たち」のように、「過去」のなかに再び見出した力をもって。

一九三三年五月二十八日、パリ

第四の手紙

J・Pへ

親愛なる友、

私は直接時代に働きかけたいなどとは言っていません。私が言ったのは、私のやりたい演劇は、それが可能であるために、時代に認められるために、もうひとつ別の文明の形を想定していたということです。

しかしその時代を表現せずに、演劇は、観念、風俗習慣、信仰、時代の精神が基づく諸原理をあの深い変容に駆り立てることができます。そのことはいずれにせよ私がやりたいことをやるのを、それを厳密にやるのを妨げません。私は自分の夢見たことをやるでしょう、さもなければ何もしないでしょう。

スペクタクルの問いに関しては、補足の詳細な説明を加えることは私には不可能です。それには二つ理由があります。

一、第一は、今度だけは、私のやりたいことは、言うよりやるほうが簡単であるということ。

二、第二は、何度か私に起きたように剽窃される危険を冒したくないということ。

私にとっては、何ぴとも、舞台の取り扱いに直接たずさわる者以外に、作者、すなわち創作者を自称する権利はありません。そしてまさにここにこそ、フランスのみならず、ヨーロッパにおいて、そして全西洋においてさえそれと考えられるような演劇の弱点が位置しているのです。西洋の演劇が言語として認め、言語の能力および力があると見なし、この語に一般に与えられるこの類いの知的尊厳とともに言語と呼ばれることを許すのは、分節された、文法的に分節された言語だけであり、すなわち話し言葉による、書かれた話し言葉による、発音されようがされまいが、それがただ書かれた場合にのみ価値がある話し言葉による言語だけなのです。

ここでわれわれが考えているような演劇においては、台本がすべてです。それはわかっています、決定的に認められていることですし、しかもそれは風俗習慣と精神のなかに伝わっていますし、語による言語は主要な言語であるという精神的価値のうちに数えられています。ところで西洋の見方からしても、話し言葉は骨化してしまい、語は、すべての語は凍りつき、それらの意味のなかに、図式的で制限された用語法のなかにはまり込んでしまったことをちゃんと認めなければなりません。ここで行われているような演劇にとって、書かれた語は発音された同じ語と同じだけの価値をもっています。幾人かの演劇愛好家たちが、戯曲を読んだほうが上演された同じ戯曲より断然確実で断然大きな喜びを与えてくれると言うのはそのせいです。ある語の特殊な発話行為に触れ、それが空間のなかに放つことができる振動に触れるもののすべてを彼らは取り逃がしていますし、そのことによって思考につけ加えることができるもののすべてもです。こんな風に了解された語はほとんど論証的な、すなわち解明の価値しかもちません。そしてこうした状況では、ちゃんと定義されちゃんと完成した用語法から見れば、語は思考を停止させるためにしかつくられてはおらず、それは思考の輪郭をはっきりさせるが、しかしそれにとどめを刺すのだと言っても大げさではありません。それは結局ひとつの終点にすぎないのです。

ポエジーが演劇から撤退したのは理由のないことではないし、それはわかることです。はるか以前からどんな劇詩人も姿を現さなくなったのは状況による単なる偶然ではありません。語による言語にはそれなりの法則があります。四百年以上前から、とりわけフランスでは、演劇における語を明確化の方向でしか使わなくなったことに慣れすぎてしまったのです。あまりに行動を心理的テーマのまわりを巡るものにしすぎましたし、そのテーマの本質的な組み合わせが無数にあるわけではないし、それどころではないのです。演劇は好奇心と、とりわけ想像力の欠如に慣れすぎてしまったのです。

演劇も、話し言葉と同じように、自由のままにしておくことを必要としています。感情、情熱、欲求、そして厳密に心理的次元の衝動について登場人物たちに対話させるあの執拗さ、そこではひとつの語が無数のジェスチャーの代わりをするのですが、この執拗さは、演劇がその存在理由を失った、そして沈黙を望むまでになった原因ですし、沈黙のうちにいるほうが生によりよく耳を傾けることができるでしょう。西洋的な心理が表現されるのは対話のなかであり、明瞭ですべてを言う語に取り憑かれることが語を枯渇させることになるのです。

東洋の演劇は何らかの開放的な価値を語に保つことができましたし、語においては明瞭な意味がすべてではないからですが、しかし話し言葉による音楽は直接無意識に語りかけます。そしてこんな風に東洋の演劇のなかには話し言葉による言語はなく、身振り、ポーズ、記号による言語があり、それは活動中の思考の観点からして、話し言葉による言語と同じだけの開放的で啓示的な価値をもっています。そして東洋では、記号による言語を話し言葉による言語の上に置き、それに直接的な魔術的力を与えます。この言語を精神だけでなく感覚に訴えかけるように促し、そして五感によって、運動のただなかにある感受性のさらにより豊かで実り多い領域に達するように促すのです。

したがってここで、もし作者が話し言葉による言語を自由に使える者であるなら、そして演出家がその奴隷であるなら、そこには語についての単なる問いがあるだけです。用語についての混同があるのですが、それはわれわれにとって、演出家という この用語に普通与えられる意味に従えば、この演出家は、職人、脚色者、ある言語による劇作品を別の言語に移すべく定められた一種の翻訳者にすぎないということに由来するのですが、こんな混同があり得るのは、そして演出家が作者の前に姿を消すことを余儀なくされるのは、ただ語による言語が他の言語より優れていて、演劇がそれ以外のものを認めないことを了解したままであるからなのです。

しかし呼吸的、造形的、活動的な言語の源に立ち返るのであれば、諸々の語を生み出した身体的運動に語を結びつけるのであれば、そして話し言葉の論理的で論証的な側面が身体的で感情的な側面の下に消えるのであれば、要するに諸々の語が、文法的に言ってもっぱらそれが意味する当のものと見なされる代わりに音響的角度のもとに理解され、運動として知覚され、しかもわれわれがこれらの運動を生のあらゆる状況のなかにもっているように、舞台の上では俳優たちがそれを十分にはもってはいないように、これらの運動が直接的で単純な他の運動に溶け込むのであれば、ここに文学の言語は再構成され、生き生きとしたものになるのです。そしてそれと同時に、いくつかの古い絵画のカンバスにあるようにオブジェ自体が語り始めます。光は背景をなす代わりに本物の言語の外観を帯び、意味作用に溢れて賑やかな舞台の事物は順序良く並んで、表情を現します。そしてこの直接的で身体的な言語を意のままにするのは演出家だけです。そしてそこには彼のために一種の完全な自律性のなかで創造する機会があるのです。

それでもやはり、他の領域より生により近い領域において、この領域における主人である者、すなわち演出家が、本質的に抽象のなかで、つまり紙の上で仕事をする作者に譲歩しなければならないというのは奇妙なことでしょう。演出の功績として、語による言語に等しくそしてそれを超える身振りによる言語がなくても、その動き、その複雑な登場人物、その照明、その舞台装置によって、ルーカス・ファン・ライデンの『ロトとその娘たち』や、ゴヤの『魔女の夜宴』や、グレコのいくつかの『復活』と『変容』や、ヒエロニムス・ボスの『聖アントニウスの誘惑』、そして急流のような赤い微光がカンバスのいくつかの部分に局限されているのに四方八方から湧き出て、どんな技術的手段によるのか観客の茫然とした目を画布から一メートルのところで釘づけにするように見えるブリューゲルの『ドゥーレ・グリート』のような絵画のなかにある最も奥深いものに、物言わぬどんな演出も匹敵するはずでしょう。そしてそこではいたるところから演劇が蠢いているのです。白い光の輪郭線によってとどめられた生の動揺が名づけられなかった浅瀬の上でつまずくことになるのです。青白い軋む物音が蛆虫たちの乱痴気騒ぎから立ちのぼり、そこでは人間の皮膚の青痣はけっして同じ色にはなりません。真の生は流動的で白い。隠れた生は青白く動かないが、それは無数の不動性のすべての可能なポーズをもっています。それは物言わぬ演劇のものですが、しかしそれが自らを表すために言語を受け取ったとしても、はるかに多くを語ります。これらすべての絵画は二重の意味をもっていて、純粋に絵画的な面を別にすればそれらはひとつの教えを含んでおり、自然と精神の神秘的あるいは恐ろしい様相を明らかにしているのです。

しかし幸いなことに演劇にとって、演出ははるかにそれ以上のものです。というのも物質的で密な手段をもつ表現を別にすれば、純粋な演出は、身振りによって、形を変える表情とポーズの働きによって、音楽の具体的使用によって、話し言葉が含むものすべてを含んでいて、しかも話し言葉も意のままにするからです。音節のリズミカルな反復や、語の正確な意味を和らげる声の特殊な抑揚は、多かれ少なかれ幻覚的な状態のおかげでより多くのイメージを脳のなかに投げつけ、感受性と精神に有機的変質の手法を押しつけるのですが、その手法は、書かれた詩から一般にそれを特徴づけている無償性を奪いとることに寄与しています。そしてこの無償性のまわりに演劇の問題全体が集まっているのです。

残酷の演劇*

（第二宣言）

認めようと認めまいと、意識的であれ、無意識的であれ、詩的状態、生の超越的状態は、結局のところ、観客が恋愛、犯罪、麻薬、戦争、あるいは反乱をとおして探し求めているものである。

「残酷の演劇」は情熱的で痙攣的な生の概念を演劇に回復させるために創造された。暴力的な過酷さ、舞台要素の極端な圧縮というこの意味において、演劇が拠り処にしようとする残酷を理解しなければならない。

この残酷はその必要があるときは血まみれになるだろうが、一貫してはそうではないだろうし、したがって一種の無味乾燥な精神的純粋さの観念とひとつに混じっているが、その純粋さは生に支払わねばならない代価を生に支払うことを恐れないのだ。

一、内容の見地から

すなわち扱われる題材とテーマについて。

残酷の演劇は題材とテーマを選ぶだろうが、それらはわれわれの時代に特徴的な動揺と不安に呼応している。

残酷の演劇は現代の人間と生の「神話」を解放しようとする配慮を映画に譲らないつもりである。しかしこの演劇はそれを固有の仕方で行うだろうし、つまり世界の経済的、功利的、技術的変化とは対照的に、間違って文明化された釉薬の下に現代演劇が覆い隠してしまった本質的な大いなる懸念と大いなる情熱を再び流行させるだろう。

これらのテーマは宇宙的で普遍的なものであり、メキシコ、ヒンズー、ユダヤ、イラン等々の古い宇宙開闢論からとられた最古の文献にしたがって解釈される。

＊一九三三年に十六ページの小冊子としてドノエル社から刊行された。

心理的人間を、性格と際立った感情を放棄するが、この演劇が訴えかけるのは、法に従属し宗教と戒律によって変形された社会的人間ではなく、全体的人間である。そして人間のなかに精神の表だけではなく裏を入り込ませるだろう。想像力と夢の現実はそこで生と同じ平面に現れるだろう。

さらに社会的大変動、民族と民族、人種と人種の衝突、自然の諸力、偶然の介入、運命の磁力が、間接的にせよ、神々や、英雄、あるいは怪物にふさわしい成長した登場人物たちの動揺と身振りのもとに神話的次元に姿を現し、あるいは直接的にせよ、新しい科学的手段によって獲得された物質的表出の形のもとに姿を現すだろう。

これらの神々または英雄、これらの怪物、これらの自然の宇宙的諸力は、最古の聖典と古い宇宙開闢論のイメージにしたがって演じられるだろう。

二、形式の見地から

加えて、観客の最も後ろ向きで最もうわの空である部分にとっていつまでも魅惑的で感じやすいポエジーの源泉に再び浸るという演劇にとってのあの必然性は、原始的な古い「神話」への回帰によって実現され、台本ではなく演出に対して、これらの古い衝突を物質化しとりわけ現代化する配慮をわれわれに要求するだろうが、すなわちこれらのテーマは直接演劇に移し替えられ、語のなかに流れ込む前に運動と表現と身振りのうちに物質化されるだろう。

したがって、われわれは台本についての演劇的迷信と作家の専制を放棄するだろう。

そしてこのようにして、言語の変形および話し言葉と語の暗礁の外で、われわれは直接精神によって翻訳され感じとられた古い民衆のスペクタクルに再び合流するのである。

われわれは演劇の基礎を何よりもまずスペクタクルに置くつもりであり、スペクタクルのなかに空間の新しい考えを導入するのだが、その空間はあり得るすべての面で、奥行きと高さにおける遠近法のすべての度合いにおいて用いられ、しかもこの考えに、運動の観念につけ加えられた時間の特殊な観念が加味されることになるだろう。

一定の時間内に、これらの運動につなぎとめられた身体的イメージと意味作用の可能な限りの大部分を、運動の可能な限りの大部分にわれわれは結びつけるだろう。

用いられたイメージと運動は、ただ単に目や耳の外的な楽しみのためだけではなく、より秘密でより有益な精神の楽しみのためにあるだろう。

こうして演劇の空間は、ただ単にその次元とその体積においてだけではなく、そう言ってよければ、その裏側で利用されるだろう。

イメージと運動の重なり合いは、オブジェと沈黙と叫びとリズムの共謀によって、語ではなく記号に基づくほんとうの身体言語の創造に達するだろう。

というのも一定の時間内にとらえられたこの量の運動とイメージに、オブジェと実際に行われ実際に利用された身振りで構成されたある種の振動とある種の動揺と同じく、われわれは沈黙とリズムをも介入させることを理解しなければならないからである。そして最も古代的な象形文字の精神が純粋なこの演劇言語の創造を支配するだろうと言うことができる。

どんな庶民の観客も直接的表現とイメージがいつも大好きであった。そして分節言語、はっきりとした言葉による表現は、明瞭ではっきり解明された行動のすべての部分に、生が安らい意識が仲介する部分に介入するだろう。

しかしこの論理的意味のかたわらで、諸々の語は呪文的で真に魔術的な意味でとらえられるだろう――それらの形態、それらの過敏な発散のためで、ただそれらの意味のためだけではない。

というのもこれらの怪物たちの実際の出現、これらの英雄と神々の放蕩、これらの諸力の造形的顕示、アナーキーで本物のポエジーすべてと類似した原理によって、外観を解体し粉砕する任務を負ったポエジーとユーモアのこれらの爆発的介入は、催眠術的暗示の雰囲気のなかでしかその真の魔術をもたないし、その雰囲気のなかで精神は感覚に対する直接的圧力によって侵害されるからである。

もし、消化のためにある今日の演劇において、神経、要するにある種の生理学的感受性がわざと脇に置かれ、観客の個人的アナーキーに委ねられているとしても、残酷の演劇は感受性を獲得する確かで魔術的な古い手段に立ち戻るつもりである。

これらの手段は、色彩、光、あるいは音の強度のうちに存していて、振動、小刻みな揺れ、音楽的リズムにせよ、語られた文章にせよ、反復を利用しており、照明の色調や伝達の包み込みを介入させるのだが、不協和音の使用によってしかそれらの十全な効果を得ることはできない。

しかしこれらの不協和音は、ただひとつの意味の影響力のもとに限定される代わりに、われわれはそれらをある意味から別の意味へ、ある色彩からある音へ、ある話し言葉からある照明へ、ある身振りの揺れからある音の平面的な音色等々へと重ね合わせるだろう。

このように構成され、このように構築されたスペクタクルは、舞台を取り除くことによって劇場のホール全体に広がるだろうし、地面を離れて、軽い懸け橋によって四方の壁に達し、観客を物質的に包み、光とイメージと運動と騒音をつねに浴びながら観客を支えるだろう。舞台装置は登場人物たちそれ自身によって構成され、登場人物たちは永遠に移動しつつあるオブジェと仮面の上で戯れる動く光の風景によって、巨大なマネキン人形ほどに大きくなるだろう。

そして中断も空間のなかに位置を占めない場所もないのと同じように、観客の精神や感受性のなかには、中断も空っぽの場所もないだろう。すなわち生と演劇の間には、もはや断絶も連続性の解決も見出すことはないだろう。そしてほんの少しの映画のシーンを撮影するのを見たことがあったならば、われわれが何を言わんとしているのかを正確に理解するだろう。

われわれは演劇のスペクタクルのために同じ物質的手段を自由に使いたいと思っ

ているが、これらの手段は映画フィルムのために、照明や、エキストラや、あらゆる種類の富において日々無駄遣いされていて、映画フィルムに関してはこのような展開のなかにある活動的なもの、魔術的なものすべてが永久に失われているのである。

*

「残酷の演劇」の最初のスペクタクルは次のように題されるだろう。

「メキシコの征服」

それは出来事を上演するだろうが、人間たちではない。人間たちは自分たちの心理と自分たちの情熱をもって自分たちの場所にやって来るだろうが、しかしそれらはいくつかの力の発散として、彼らがその役割を演じた歴史的な出来事と運命の角度のもとにとらえられる。

この題材が選ばれたのは次の理由による。

一、その現代性のせいで、そしてヨーロッパと世界にとっての死活的関心の問題にこの題材が認めるすべての暗示のために。

歴史的見地では、「メキシコの征服」は植民地の問題を提起する。それは粗暴で、仮借ない、血まみれの仕方で、つねに根強いヨーロッパの自惚れを生き返らせる。それはヨーロッパがもっている自分自身の優越性についての観念を尻込みさせるのを可能にする。それはキリスト教をはるかに古い宗教に対立させる。それは西洋が異教といくつかの自然宗教について抱くことができた誤った考え方に反証を加え、これらの宗教の基盤となる古い形而上学的土台のつねに現代的な輝きとポエジーを悲壮で熱烈なやり方で強調する。

二、植民地化と、ひとつの大陸がもっていると信じる他の大陸を隷属させる権利についての恐ろしいまでに現代的な問いを提起することによって、それは現実的な優越性、いくつかの人種の他の人種に対する優越性の問いを提起していて、ひとつの人種の真髄を文明の明確な諸形態に結びつける内的な派生関係を示す。それは入植者たちの専制的な無秩序を植民地化された未来の深い精神的調和に対立させる。

次に、最も不正かつ最も濃密な物質的原理に基づく当時のヨーロッパの君主制を前にして、それは議論の余地ない精神的原理の上に打ち立てられたアステカの君主制の有機的階級制度を明らかにする。

社会的観点からは、それはひとつの社会の平和を示すが、その社会は全員に食べ物を与えることができたし、そこでは起源以来「革命」が成し遂げられていた。

道徳的混乱およびカトリック的無秩序と異教の秩序とのこの衝突から、それは、あちこちに荒々しい対話をちりばめた、諸力とイメージの前代未聞の動乱を噴出させることができる。そしてそれは正反対の観念を傷跡のように抱えもつ人間同士の戦いによるのである。

このようなスペクタクルの道徳的背景と時事的関心は十分に強調されているので、それが上演しようとする紛争のスペクタクル的価値にこだわることになるだろう。

まず引き裂かれた王であるモンテスマ*の内的戦いがあるのだが、その動機について歴史はわれわれに説明する能力がないことを自ら示した。

＊十六世紀アステカの第九代君主。先住民を虐殺して植民地支配を進めていたスペインのコルテスに協力的態度をとり、アステカ市民に殺された。

その戦いとその象徴的議論が、占星術の視覚的神話とともに、絵画的で客観的な仕方で示されるだろう。

最後に、モンテスマの他にも、群衆、社会のさまざまな層、モンテスマによって代表される運命、それに対する民衆の反抗、神を信じない人々の叫び、哲学者たちと司祭たちの煩雑な議論、商人とブルジョワたちの裏切り、女たちの二枚舌と性的だらしなさがある。

群衆の精神、出来事の息吹は、物質的な波となってスペクタクルの上を移動し、あちこちにいくつかの力線を固定し、そしてこれらの波の上に、反抗的または絶望した幾人かの人々の弱まった意識が藁屑のように漂うだろう。

演劇的に言って問題は、これらの力線を決定し調和させ、それらを集中し、そこから暗示的メロディーを抽出することである。

これらのイメージ、これらの動き、これらのダンス、これらの儀式、これらの音楽、これらの一部を切り取られたメロディー、これらの急転回する対話は、できる限り語によって、主にスペクタクルの対話でない部分のなかに、注意深く書きとめられ、描写されるだろうが、原則は楽譜のように書きとめまたは暗号化できることであり、これは語によっては叙述されないのである。

感情の競技

俳優に対して一種の感情の筋肉を認めなければならないが、それは感情の身体的位置決定に対応している。

それについては俳優も身体的な本物のアスリートも同じであるが、しかしアスリートの生体組織には同じような感情の生体組織が対応しているという緩和措置をともなっていて、この感情の生体組織は他方と並行しており、同じ平面にはないのに他方の分身のようなものである。

俳優は心のアスリートである。

彼にとってもまた全体的人間を三つの世界に分ける分割が介在する。そして感情の圏域が彼に固有のものとして属している。

それは彼に有機的に属している。努力するときの筋肉の動きは二重になった別の努力のひと形のようなものであり、劇の演技の動きにおいて同じ地点に局所化される。

アスリートが走るために拠り処とするところ、それは俳優が発作的な呪詛を投げかけるために拠り処とする場所であるが、その走行は内部へ向かって投げつけられる。

レスリング、パンクラティオン*、百メートル走、高跳びのすべての驚きは、情熱の動きのなかに同じような有機的基盤を見出し、それらは並行維持の同じ身体的部位をもっている。

それでもあの緩和措置を加えてはじめてここで運動は逆になり、例えば息の問題に関して言えば、俳優にあって身体が息に支えられるところでは、レスラーや身体的なアスリートにあって息は身体を拠り処としている。

この息の問題は実際極めて重要である。それは外面的演技の重要性とは逆の関係にある。

＊古代ギリシアのボクシングとレスリングを兼ねた格闘技。

演技が簡素で抑制されていればいるほど、息はゆったりとして、密度が高く、実質的で、反映でいっぱいになっている。

それにひきかえ逆上し、かさばって、しかも外面化される演技には、短く砕ける波をもつ息が対応する。

それぞれの感情、それぞれの精神の動き、人間の情緒のときめきには、彼に属する息が対応していることは確かである。

ところで息の拍子にはカバラがわれわれに教えるひとつの名前がある。それらの拍子が人間の心にその形を、情熱の諸々の動きにそれらの性を与えるのである。

俳優は雑な経験主義者にすぎず、発散されそこなった本能が導く接骨医にすぎない。

それにもかかわらず問題となっているのは、人がどう考えようと彼にたわごとを言うように教えることではない。

問題となっているのは、現代演劇全体がそのどまんなかに突き進んでいるこの種のとり乱した無知と手を切ることであるが、それは影のまんなかに突き進んでいるようなものであって、現代演劇はそこで絶えずつまずいているのである。――天分のある俳優はいくつかの力をとらえ輝かせるに足るものを本能のなかに見つける。しかしこれらの力は器官の物質的行程を器官のなかにもっているが、それらの力が実在することを彼に明らかにすれば、彼はさぞや驚くことだろう、というのも彼はそれらの力がある日存在し得たなどとは考えたこともなかったからである。

レスラーが自分の筋肉を利用するようにその情緒を使うためには、人間存在を「分身」のように、エジプトの「ミイラの霊《カー》」のように、情緒の力が輝く幽霊のように見なければならない。

造形的でけっして完成しない幽霊であり、真の俳優はその諸々の形を真似るが、彼は自分の感性の形とイメージをそれに押しつける。

この分身に演劇は影響を及ぼし、この幽霊のひと形を形どるのだが、すべての幽霊と同じくこの分身は長い思い出をもっている。心の記憶は長続きし、なるほど心でもって俳優は思考するのだが、しかしここでは心が優位に立つのである。

これが意味するのは、他のどこよりも演劇においては、俳優が自覚しなければならないのは感情的世界だということであるが、しかしこの世界に、イメージの効験ではない、ひとつの物質的意味をともなう効験を与えることによってである。

その仮説が正しかろうと正しくなかろうと、重要なのは、それが立証可能であるということである。

生理学的には魂を振動のもつれに還元することができる。

この魂の幽霊であるが、自らが広める叫びに毒された中毒患者のようにそれを見なすことができるが、さもなければこれに対応するのは、ヒンズーのマントラ、あれらの協和音、あれらの神秘的なアクセントであろうが、そこでは追いつめられた魂の物質的裏面が隠れ家にいてもその秘密を白日のもとに口にすることになるのだ。

魂の流体的物質性を信じることは、俳優という職業には不可欠である。ひとつの情熱が物質からなっていて、それが物質の造形的変動に左右されやすいことを知ることは、情熱にわれわれの主権を広げるひとつの支配力をもたらす。

情熱を純粋な抽象と見なす代わりにそれらの力によって情熱に合流することは、俳優にほんとうの治療師に匹敵する技量を授ける。

魂にとってからだの出口があるのを知ることは、反対方向にこの魂と合流することを、数学的アナロジーの類いによってその存在を再び見出すことを可能にする。

情熱の拍子の秘密、その調和的打音を統制するこの種の音楽的テンポの秘密を知ることこそ、演劇のひとつの様相であり、われわれ現代の心理的演劇がたしかにずっと前から考えもしなかったことである。

ところでこのテンポはアナロジーによって見出される。そしてそれは貴重な要素のように息を配分し保存する六つのやり方のなかに見出される。

どんな息もそれが何であれ三つの拍子をもっている、あらゆる創造の基盤には三つの原理があり、まさに息そのものにおいてそれらの拍子に対応する形象を見つけることができるのと同じである。

カバラは人間の息を六つの主要な秘儀《アルカナ》に配分するが、その「大いなる秘儀」と呼ばれる第一のものは創造の秘儀である。

両性具有	雄	雌
均衡的	開放的	誘引的
中性的	肯定的	否定的

したがって私は、俳優の仕事のみならず、俳優という職業の準備のために息の知識を用いるという考えをもった。——というのも息についての知識が魂の色彩を照らすなら、それはなおさら魂を挑発し、その開花を容易にすることができるからである。

息が努力をともなうなら、息の機械的産出は活動中の生体組織のなかに努力に対応する特質を生み出させることになるのは確かである。

努力は人工的に産出された息の色彩とリズムをもつだろう。共感による努力は息をともない、息の予備的発散を生みだす努力の特質にしたがって、この努力を容易で自発的なものにするだろう。私は自発的という語に固執するが、というのも息は生命に再び火をつけ、その実体のなかで燃え上がらせるからである。

意志による息がひき起こすものとは、生の自発的再出現である。その縁に戦士たちが眠る無限の峡谷のなかの声のように。朝の鐘や進軍ラッパが呼びかけ、彼らを規則正しく戦乱のなかに投げ入れる。ところがひとりの子供が突然「狼だ」と叫ぶと、同じ戦士たちが目を覚ます。彼らが目覚めるのは真夜中である。偽りの警報。兵士たちは戻ろうとする。ところが違うのだ。彼らは敵の集団にぶつかり、まったくの窮地に陥ってしまう。子供は夢を見て叫んだのである。より感じやすく、漂っている彼の無意識が敵の群れとぶつかったのだ。こうして遠回しの手段によって、演劇が引き起こした嘘は、他より手強い、生が予想もしなかった現実に出くわすのである。

こうして息の研ぎ澄まされた鋭さによって俳優はその個性を掘り下げる。というのも生を養う息はその諸々の段階を段階的に遡ることを許してくれるからである。そして俳優がもっていない感情、その効果を適切に組み合わせ、そして性を取り違えないのであれば、彼は息によって再びその感情に入り込むことができる。というのも息は雄か雌であるからだ。そしてめったに両性具有であることはない。しかし貴重な停止状態を描写しなければならないかもしれない。

息は感情をともなっているし、この感情にふさわしい息を多くの息のなかで区別できれるのであれば、息によって感情のなかに入り込むことができる。

すでに言ったように、六つの息の主な組み合わせがある。

中性　男性　女性
中性　女性　男性
男性　中性　女性
女性　中性　男性
男性　女性　中性
女性　男性　中性

そして第七番目はこれらの息の上にあり、優れた徳《グナ》の門、調和《サットヴァ》の状態によって、発現したものを発現しなかったものに結びつける。

俳優は本質からして形而上学者ではないので、この第七の状態を気にすべきではないと誰かが主張するなら、われわれはこう答えるだろう、われわれによれば、しかも演劇は完璧な象徴であり、普遍的発現のうちで最も完全なものであるにもかかわらず、俳優は自分のうちにこの状態の、この道の原理をもっているのであって、その道を通って、彼は可能態にあるその諸器官が眠りから覚めるたびに他のすべての状態のなかに入り込むのだ、と。

なるほどたいてい本能はそこにあって定義できないひとつの観念のあの不在を補う。そして同時代の演劇がそれでいっぱいになっているような中間的な情熱のなかから浮かびあがるためには、そんなに高くから落ちる必要はない。だから息のシステムは中間的な情熱のためにできてはいない。そして何度も用いられた方法にしたがって繰り返された息の文化をわれわれが準備しているのは、不倫の恋の表明のためなどではない。

七回、十二回とわれわれが発声を繰り返すのは、叫びの微妙な特質に、魂の絶望的な要求に素地を与えるためである。

そしてこの息の位置をわれわれはつきとめ、組み合わされた収縮と弛緩の状態のなかにそれを配分する。われわれは意志と意志のたるみが通る篩《ふるい》のようにわれわれの身体を使う。

欲望することを考える時、そしてわれわれは力ずくで雄の時間を放出するが、その時間には延長された女性的な時間があまりに可感的な連続性の解決なしに続く。

欲望しないように考える、または考えさえしない時、そしてこんな風に疲れた女性的な息が地下室の息苦しさや、森のじとっとした呼気をわれわれに吸い込ませる。そして同じ時間がひき延ばされて、われわれは重苦しい呼気を発する。それにもかかわらずわれわれの全身の筋肉は筋肉の部位ごとに震え、働くことをやめない。

重要なのは感情的思考のこれらの位置決定を自覚することである。識別の手段は努力である。そして身体的努力が対象とする同じ部位は、感情的思考の発散が対象とする部位でもある。同じ部位は感情の発散に対して踏切台の代わりをつとめる。

女性的であるもの、断念、不安、呼びかけ、祈りであるもの、嘆願の身振りのなかの何かを目指すもののどれもが、これまた努力の地点によりかかっていることに注目すべきであるが、潜水夫が海中の浅瀬を踵で蹴って、再び水面に浮かび上がるようなものである。緊張があった場所に虚無の噴出があるのだ。

しかしこの場合、男性的なものは女性的なものの場所に影のようにつきまとうことになる。一方、感情的状態が雄的であるとき、内的な身体は一種の逆方向の幾何学、裏返った状態のひとつのイメージを構成する。

身体的強迫観念を、情緒がかすめる筋肉を自覚することは、この可能態にある情緒をひき起こす息の働きにとってのように、漠然としているが深い広がり、しかもいつにない激しさをともなった広がりを息に与えることに等しい。

　こうしてどんな俳優も、そして最も才能に恵まれない者も、この身体的認識によって内的密度とその感情の量を増大させることができるし、豊かな翻訳がこの有機的占有の後に続くことが判明する。

　この目的において位置をつきとめた部位を知ることは悪いことではない。

　重いものを持ちあげる人間、彼は腰を使ってそれを持ちあげる。腰に体重をかけて、腕によって倍加された力を補強する。そして反対に女性的で、気持ちをへこませるどんな感情も、嗚咽、悲嘆、痙攣的な喘ぎ、激しい不安などだが、それが虚脱感を実感するのが腰の高さであり、中国の鍼術が腰の詰まりを拡散させるのが同じ場所であることを確認するのはかなり興味深いことである。中国の医術は空虚と充溢によってしか事を行わないのだから。凹状のものと凸状のもの。緊張したものと弛緩したもの。陰と陽。男性女性。

　また別の放射点。怒りの、攻撃の、痛みの部位とは、太陽神経叢の中心である。その毒液を精神的に投げつけるために頭が拠り処とするのはそこである。

　ヒロイズムと崇高の部位は罪状の部位でもある。自ら胸を打ちつける部位。怒りが、猛り狂い、先へは進めない怒りが煮えたぎる場所。

だが怒りが前に出て、罪状が後退するところ、それは空虚と充溢の秘密である。鋭く引き裂かれる怒りは人をくたびれさせる中性的なものから始まり、すばやい女性的な空虚によって神経叢にとどまるが、それから二つの肩甲骨の上で阻まれブーメランのように戻ると、その場で雄の火の粉を投げつけ、先に進まず燃え尽きる。火の粉は鋭いアクセントを失っても、雄の息との連関は保つ。それは激しく消えてゆく。

私はこの技術的文書の題材をなす実り多い原理をめぐっていくつかの例を挙げるにとどめた。時間があれば他の者たちがシステムの完璧な解剖を作成するだろう。中国の鍼術には三百八十の部位があり、そのうちの七十三が主なものであり、通常の治療に役立っている。われわれの人間的情緒に対する粗雑な解決策ははるかに少ない。

人が示すことができ、魂の競技が基づく支えははるかに少ない。

秘訣は、皮を剝ぎとられる筋肉組織のようにこれらの支えに激しい痛みを与えることである。

残りは叫びによって完成される。

＊

連鎖を、観客がスペクタクルのなかで自分自身の現実を探し求めていた時代の連鎖をつくり直すためには、この観客に、一息一息、時代ごとに、スペクタクルと一体化することを可能にしなければならない。

この観客をスペクタクルの魔術がつなぎとめるには十分ではないし、彼をどこで、、、捕まえるのかがわからないなら、それは彼をつなぎとめることにはならないだろう。彼を支えるための科学をもたない危なっかしい魔術やポエジーはもうたくさんである。

今後はポエジーと科学は演劇と一体化しなければならない。

どんな感動も器質的基盤をもっている。俳優がボルタ電圧の密度を再充塡するのは、その身体のなかで感動を培うことによってである。

触れなければならない身体の部位をあらかじめ知ることは、観客を魔術的なトランス状態のなかに投げ込むことである。そしてこの種の貴重な科学の習慣を演劇のポエジーはずっと前から失くしてしまったのだ。

身体の位置決定を知ることは、したがって魔術的な連鎖をつくり直すことである。

そして私は息の象形文字によって聖なる演劇の観念を取り戻したいと思っている。

注――ヨーロッパではもう誰も叫ぶことができないし、特にトランス状態にある俳優たちはもう叫びを発することができない。もう喋ることしかできず、自分たちが演劇の身体をもっていることを忘れてしまった者たちに関しては、彼らは自分たちの喉の使い方も同じように忘れてしまった。異常な状態になってしまった喉はひとつの器官ですらなく、喋る怪物的抽象である。フランスの俳優たちはもう喋ることしかできない。

二つの覚書

一――マルクス兄弟*

われわれがここで見たマルクス兄弟の最初の映画である『けだもの組合』は、ある異常なもののように、言葉とイメージの通常の関係が普段は明らかにしない特殊な魔術のスクリーンという手段による解放のように私には思われたし、誰の目にもそう映ったのだが、それがひとつの典型的な状態、シュルレアリスムと呼ばれ得る精神とは区別されるひとつの詩的段階であるとすれば、『けだもの組合』は完全にそれに加わるものである。

＊『NRF』誌二〇〇号（一九三二年一月一日）に掲載。

この種の魔術が何からできているのかを言うのは難しいのだが、いずれにせよ特徴的な意味ではおそらく映画的なものではない何かであるが、しかしそれはまた演劇にも属しておらず、そんなものがあったとして、成功したシュルレアリスムの詩だけがその観念を与えることができるだろう。『けだもの組合』のような映画の詩的特性はユーモアの定義に呼応することができるだろうが、ただし精神における全面的解放、現実すべての分裂という意味をこの言葉がずっと前から失っていなければの話である。

強力で、完全で、決定的で、絶対的な独創性（私は誇張していないし、ただ定義しようと試みているだけであるが、私が熱狂に引きずられているとすれば残念なことだ）を理解するためには、時には（ともかく結末部分全体において）『いんちき商売』もそうであるが、ユーモアの観念に、不安で悲劇的な、宿命的な何か（幸福でも不幸でもなく、言い表すのに骨が折れる）をつけ加えなければならないだろうし、それは絶対的な美の横顔に恐ろしい病が潜んでいるのが明らかになるようにユーモアの背後に忍び込んでいるのだろう。

われわれは『いんちき商売』のなかにマルクス兄弟を再び見出すのだが、それぞれが自分のタイプをもっていて、自信があり、そう感じられるのだが、状況ととっくみ合いをする覚悟ができているが、しかし『けだもの組合』では、最初からそれぞれの登場人物は面目を失っていて、映画の四分の三の間、ふざけたり、冗談を言ったりする道化たちの、もっともいくつかは非常に成功しているが、悪ふざけに立ち会うのだし、しかも事態が込み入って、オブジェ、動物、音、主人とその召使い、主人とその客たち、そんなすべてが激昂し、飛びかかり、反抗し始めるのは終盤になってからであり、マルクス兄弟のひとりが、同時にうっとりとして明晰に解説をするうちに、ついに爆発させることができた精神によって彼は興奮させられるのだが、その解説は唖然としていて、通りすがりのものだったように思われる。この一種の人間狩り、この仇同士の戦い、牛小屋や、あちこちから蜘蛛の巣がぶら下がる納屋の闇のなかのこの追跡ほど、同時に幻覚的で恐ろしいものはないが、一方、男と女と動物たちは彼らの輪舞の輪をほどいて、山積みになった雑多な品物のまんなかで落ち合い、その動き、あるいは騒音が順繰りに役目を果たすだろう。

『けだもの組合』のなかで、ひとりの女が長椅子の上で突然足を空に向けてひっくり返り、一瞬だけ、われわれが見たかったはずのものを見せたり、ひとりの男が客間でひとりの女にいきなり飛びつき、彼女とダンスを二、三歩踊り、続いて一定のリズムで彼女の尻を叩いたりするが、そこには一種の知的自由の練習のようなものがあり、約束事と習慣によって抑圧された登場人物ひとりひとりの無意識が自らに復讐し、また同時にわれわれの無意識に復讐しているのだが、しかし『いんちき商売』では、追いつめられたひとりの男がひとりの美しい女に飛びついて、彼女と出会い、ポーズの魅惑と恩寵をいわば探し求めるように、詩的に、彼女とダンスしていて、ここでは精神的要求は二重であるように見えるし、マルクス兄弟の冗談のなかにある詩的なものとおそらくは革命的なものを示している。

しかし追いつめられた男と美しい女のカップルの踊る音楽が、郷愁と逃避の音楽、解放の音楽であるということは、これらのユーモラスな冗談すべての危険な側面をかなり示していて、詩的精神はそれが行使されるときにはつねに一種の煮えたぎるアナーキーに、ポエジーによる現実の全面的風化に向かう傾向があることを示している。

もしアメリカ人たちが、この類いの映画が属している精神に対して、これらの映画をユーモラスなものとしてしか理解しようとせず、ユーモアに関して、この言葉の意味作用の安易で滑稽な余白にだけしがみついているとしたら、彼らにとっては残念なことであるが、しかしそれはわれわれが『いんちき商売』をアナーキーと全面的反抗の讃歌と見なすことを妨げることはないだろうし、怖がる女の叫びと同列に仔牛の鳴き声を置き、それに明晰な苦しみと同じ特性を与えるあの結末、汚い納屋の闇のなかで、人さらいの二人の下男が彼らの主人の娘のむき出しの肩を好きなようにいじくりまわし、途方にくれた主人を自分たちと対等に扱うあの結末、そういったすべては、これまた知的なものである酩酊状態のまんなかにあって、マルクス兄弟のはぐらかしなのである。そしてそういったすべては、これらの出来事が闇のなかや、それが達する振動の度合いのなかで帯びる視覚的であると同時に音響的である興奮の種類のうちにあり、そしてそれらが寄り集まって最後に精神のなかに投影する強力な不安の種類のうちにあるのだ。

二――母をめぐって*

ジャン＝ルイ＝バローの劇的行動

ジャン＝ルイ＝バローのスペクタクルのなかには一種の素晴らしい馬―ケンタウロスがいて、それを前にしたわれわれの感動は、あたかも馬―ケンタウロスの登場によってジャン＝ルイ＝バローがわれわれに魔術をとり戻したかのように大きいものだった。

このスペクタクルは魔術的である、口蓋を打つ舌があたりに雨を降らすときの黒人の呪術師の呪文が魔術的であるように。疲れ果てた病人を前にして、呪術師がその息に奇妙な不快感の形を与え、息によって病を追い払うときのように。そしてこうしてジャン＝ルイ＝バローのスペクタクルにおいては、母の死に際に、叫びの合唱が生命をもつのである。

私はこのような成功がひとつの傑作であるのかどうか知らないが、いずれにしてもそれはひとつの事件である。このような雰囲気の変化はひとつの事件として讃えなければならないが、いきり立った観客が突然盲目のうちにそこに飛び込むと、見えないままに彼を無力にしてしまう。このスペクタクルのなかにはひとつの秘密の力があるが、大きな愛が反乱の準備のできた魂をとらえるように観客を味方にする。

若々しく、大きな愛、若いたくましさ、自発的で生き生きとした興奮状態が、厳密な動きをとおして、魔術のように並んだ森のなかで、木々の列柱の間から歌っている小鳥の囀りのように、様式化して数学的なジェスチャーをとおして循環している。

まさにそこ、この聖なる雰囲気のなかで、ジャン＝ルイ＝バローは野生の馬の動きを即興で演じ、人は彼が馬になるのを見て突然驚きを覚えるのだ。

彼のスペクタクルは身振りの抗いがたい作用を証明していて、空間のなかの身振りと動きの重要性を成功裡に論証する。彼は演劇の遠近法にそれが失うべきではなかった重要性を再び与える。彼は最後に舞台を悲壮で生き生きとした場所に変える。

舞台に関連して、そして舞台の上で、このスペクタクルは組織される。それは舞

＊『NRF』誌二六二号（一九三五年七月一日）に掲載。ジャン＝ルイ＝バローの実験劇『母をめぐって』は、ウィリアム・フォークナーの小説『死の床に横たわりて』の翻案を元にしていた。

台の上でしか生きることができない。しかし感動的な意味を帯びないような舞台の遠近法の一点はないのである。

この生命あるジェスチャーのなか、人物たちの不連続な展開のなかには、直接的で身体的な一種の呼びかけがある。慰めのように説得力ある何かであり、記憶はそれを忘れないだろう。

叫びとともにもはや母の死も忘れられないだろうし、その叫びは空間と時間のなかで、同時に叙事詩的な川の横断、男たちの喉のなかの火の上昇を繰り返すが、その上昇に身振りの面でもうひとつ別の火の上昇が応えるのだし、そしてとりわけあの種の半人半馬がいて、まるで「寓話」の精霊がわれわれの間に再び降りてきたかのようなのだ。

唯一これまでバリ島の演劇だけがこの失われた精霊の足跡を残していたと思われていた。

正統であるものすべてが神聖であれば、ジャン＝ルイ＝バローが描写的で世俗的な手段によって宗教的精霊を連れ戻してもいっこうに構いはしない。彼の身振りがあまりに美しいので、それが象徴的意味を帯びるとしても。

たしかに、ジャン＝ルイ＝バローのスペクタクルのなかに象徴はない。そしてもし彼の身振りを非難できるとすれば、身振りが現実をとり囲んでいるのに、象徴の錯覚をわれわれにもたらすことである。こうして身振りの作用がどんなに暴力的で活動的であっても、それは結局延長されることなくとどまるのである。

その作用は延長されることがないが、なぜならそれはただ描写的であるからであり、魂が介在しない外的事実を語るからである。なぜならそれは思考の核心にも魂の核心にも触れないからであり、しかもこの演劇の形が演劇的であるかどうかを知る問題よりはるかにずっと、彼に対して行うことができる非難がそこにあるからである。

演劇については、それはいくつかの手段をもっている。――というのも身体の場を開く演劇は、この場が満たされ、空間をその身振りでいっぱいにし、この空間をそれ自体のうちに魔術的に生かし、そこで音の鳥籠を解放し、そこで音と身振りと声の間に新しい関係を見つけることを求めている――それこそが演劇であり、ジャン＝ルイ＝バローがつくり変えたのはこれであると言うことができる。

しかし他方、演劇について、この実現は頭をもってはいないが、私が言いたいのは深いドラマ、魂より深い神秘、魂が引き裂かれるような葛藤のことであるが、そこでは身振りはひとつの道にすぎない。人間がもはやひとつの点にすぎず、いくつもの生がその泉から水を飲むところでは。しかしいったい誰が生の泉から飲んだのだろう。

誰が知っているのか、精神に遡る身振りではなく、ジャン＝ルイ＝バローがその力強い地上の感性をもってそれを用いたように、身振りを命じ、生の諸力を解放する精神を。さらに誰が知っているのか、形もなく類似もなく、ほんとうに結んだりほどいたりする精神を、そしてそこでは、形をとる馬に似ることは、大いなる叫びの限界にあって、もはやひとつの影にすぎないのだ。*

＊この最後の段落は、『NRF』誌からも『演劇とその分身』（ともにガリマール社刊）からも抜け落ちている。何らかの誤解によるものだったようだが、アルトーはジャン・ポーラン宛ての手紙でそのことに抗議している。「バローについての記事に何が起こったのですか。最後の文章が欠けてしまっています！断然一番美しい文章なのに！！！」アルトーの抗議を鑑みて、ここに再現することにした。

訳者あとがき

鈴木創士

本書は、Antonin Artaud, *Le Théâtre et son double*, Gallimard, 1938 の全訳である。『演劇とその分身』は、最初一九三八年にガリマール社の「メタモルフォーズ」叢書より限定四〇〇部が刊行され、一九四四年に第二版の一五二〇部が増刷された。ガリマール社の社長ガストン・ガリマールへのアルトーの手紙によると、最初に構想されたタイトルは『演劇とペスト』であった。

本書はアントナン・アルトーの生前に出版された本のなかで間違いなく最も有名な、最も読まれた本であり、この時期の多産な爆発的創造のまぎれもない成果のひとつであった。（世界中で翻訳され、わが国での初訳は、一九六五年に安堂信也氏の訳によって『演劇とその形而上学』のタイトルで白水社から刊行されているが、後の版では本書と同名のタイトルに改題された)。

その後、この本に集められたアルトーの演劇理論は、ヨーロッパやアメリカや中南米の演出家、理論家、俳優たちに大きな影響を与えることになったが、日本も例外ではなかった。寺山修司をはじめとする六〇年代から七〇年代にかけての日本のアンダーグラウンド演劇家たちにとって、演出それ自体の意味、演出と戯曲の関係、演劇の上演形態、演劇実践そのものの「政治的」意味において、その影響が顕著であったことは周知のとおりである。それだけではない。土方巽をはじめとする日本の(暗黒)舞踏家たちにも、その始まりにおいてさえ、俳優(舞踏家)の身体それ自体を問題とし、身体それ自体をつくり変えねばならないとするアルトーの思想は深い刻印を残した。ちなみに土方巽は早い時期にアルトーについてきわめて興味深い文章を書いてわれわれを驚かせたのである。

アルトーの演劇は失敗だったなどと声高に述べる人たちもいるが、そのような意見はほとんど意味をなさない。いくつかの演劇関連のテキスト(本書以外には、『貝殻と牧師』、坂原眞里訳、白水社に演劇についてのアルトーのテキスト、シナリオがまとまった形で翻訳紹介されている）、いくつかの舞台の写真、いくつかの当時の証言が残されているだけである。寺山修司を含めて、アルトーの芝居をわれわれは誰も見ていないのである。いまでも見ることのできるカール・ドライヤーやアベル・ガンスの映画のなかのアルトーの演技は、後になって本人がいくら否定しようとも、長く印象に残るすばらしいものだったと言うことができるだけである。われわれは映画の演技からしかアルトーの実際の舞台上の身振りを鮮明に視覚的に想像することはできない。アルトーの演技は当時のドイツ表現主義的なものだったとも言われているが（後にアルトーは自らそれを否定する）、映画から想像できる範囲では、そして当時はサイレント映画であったことを鑑みれば、蛇足ながらむしろ歌舞伎の演技を想起させるようなところがあったかもしれない。こんなことを言うと、アルトー自身は激怒するかもしれないが。

　誰もが口にできる常套句のように、シュルレアリスム運動とアルトーの確執、グループからの除名は政治的立場の違いによるものであるとされているが、アルトーにそもそも政治的立場などというものはないのであるし、フランス共産党に接近していたシュルレアリストたちがやがてトロツキストとなり、アルトーはアルトーで、その思考の変遷とともに西洋の外部へのいわばエスニックな旅の後、やがて精神病院へ監禁されることになった経緯を考えるなら、そして晩年になってもデスノスやブルトンをはじめとして、その長年にわたる友情を失ってはいなかったことを思うなら（かつての友人たちはアルトーをさまざまな面で援助した）、われわれはつねに別の歴史の解釈を探しているのだから、重要な本質的問題をそこに見る必要はいまさらほとんどないように思われる。

アルトーが脚本を書いた映画「貝殻と牧師」上映の際には、脚本家である自分と映画監督ジェルメーヌ・デュラックとの意見や感覚の相違があまりに大きいので、この上映会をつぶそうとシュルレアリストたちともにアルトーは騒ぎを起こしているし、アルトーの「アルフレッド・ジャリ劇場」の公演の際には、シュルレアリストたちが会場に乱入して乱闘となり、警察が介入するというような事態にもなったが、アルトー自らが上演したクローデル作の「真昼に分かつ」の舞台では、シュルレアリストたちと一緒になってアルトーが作者クローデルを罵るという微笑ましいエピソードも残されている。シュルレアリストとアルトーの確執など狭いパリの文化界のただのエピソードにすぎないし、言うところの政治的立場の対立云々を飽きずに繰り返すなど、研究者を含めてわれわれがいま現にいる世界を考えるなら、ほとんど冗談であるか児戯に等しいことである。

そうではなく、むしろシュルレアリストとアルトーの間にあったのは「虚構」をめぐるある意味で表面的でしかない相違だったのではあるまいか。たしかにそれは表面的であったかもしれないが、そのために生涯にわたる死闘が続けられたのもほんとうである。アルトーとシュルレアリストのかつての理想的対立を範とするような事態はわれわれの世界ではどこかへ雲散霧消してしまったように見えるのだが、「虚構」についてのアクチュアルな原則的問題はいまでも手つかずのまま残されているし、それこそがかつてアルトーとシュルレアリストたちの軋轢とアルトーの演劇をめぐって起きた根本的相違だったのではないかと私は考えざるを得ない。

シュルレアリストたちは芸術の物理的一形態としての「演劇」の虚構性を極端に嫌っていた節がある（その傾向は後のシチュアシオニストなどにもさらに徹底したスペクタクル批判の形ではっきりと見てとることができる）。演劇や映画には、目に見えて経済的物質的問題がつきまとうし、そればかりでなく、ラシーヌをはじめとするフランスの伝統的演劇は言うに及ばず、ルネッサンス以来、演劇はまさに虚構の上に虚構として築かれてきたように見えた。舞台の上の芝居はあまりにも「出来事」から離れすぎていて、それを裏切っている。出来事は革命の第一歩でしかないが、それでもシュルレアリストたちの「客観的偶然」はそこでしか発見することはできなかった。詩は実践であるとするシュルレアリストたちの詩的直観と、世界を変革することと生を変えることは同時になされなければならないとする彼らの革命についての観念の帰結はそういうものであった。

しかしアルトーはそのような演劇観そのものに異を唱えたのである。そのことはジャン・ポーランなどへ宛てた手紙からもうかがえるが、アルトーにとって、演劇が「生の継続」であり、生をつくり変えることによって生そのものが獲得できる何かであったことは、本書を通じて繰り返し主張されていることである。演劇と生はけっして同じものではないが、それは台本と演劇が同じものではないのとは次元の異なる事柄である。本書の内容をここで要約したり、余計な屋上屋を架すつもりはさらさらないが、「演劇」あるいは役者の身体で起きていることと「出来事」の相同性については、アルトーがここでも他処でも幾度となく繰り返していることであり、そのことの重要性はいまでも色あせることがない。さまざまな位相にあったアルトーの身体、麻薬中毒であることも含めた身体は、まず演劇のなかにあるほかはなかったのである。何ともすばらしい役者、そして演劇人であったと言うしかないではないか。さらに演劇の言語、演劇全体の問題と化した演出についての新しく特別な考え、身振りを身振りによる言語活動にまで高めねばならないという身振りの重要性、劇場や客席や衣装、音や照明に関する事細かな指摘は、われわれの時代にあっても無視できない「虚構」をめぐる演劇の本質的命題を提起していると考えられるのである。

アルトーの生涯にはいくつかの時期あるいは段階めいたものがあったのだが、この本に収録されている文章が書かれたのは、アルトーが演劇の思考を何とかしようと考えていた時期である。それが異質なものであったにしろ、アルトーはどっぷり「演劇」に浸かっていた。とはいえ、もともと演劇とアルトーの関わりは早い時期からのものである。リュニェ＝ポー主宰の「制作座」を知り、役者としてのデビューは一九二一年、二十五歳の時であるし、すぐに「アトリエ座」でシャルル・デュランの弟子になっている。コクトーの『ソポクレス』で初演しているし（これもブルトンとそのグループによって芝居が妨害された）、ピトエフの一座にも加わっている。ルイ・ジューヴェとも親交があったと思われる。その後、アルトーはサイレント時代の映画にも多く出演しているが、当時のそれなりの俳優たちはみな舞台演劇の薫陶を受けていた。アルトーは生粋の役者であると同時に詩人であったし、そのような場合、演劇を破壊する思考の衝動にかられるのはしごく当然のことである。むしろアルトーは、古代ギリシアの演劇家や哲人がそうであったように、正統的であったのかもしれない。

一九二六年には、自分の劇団「アルフレッド・ジャリ劇場」をロジェ・ヴィトラック、ロベール・アロンとともに設立し、「残酷の演劇」による実験的演劇を行ったのは本書の注にあるとおりである。この劇団の実践は、四回の公演を行っただけで、一九三〇年までしか続かなかったが、演劇についてのアルトーの思考と身体的関心は晩年にいたるまで別の形で途切れることはなかったと思われる。その後、一九三五年には、シェリーとスタンダールをもとにした『チェンチ一族』を上演しているが、このときの舞台美術はバルテュスが手がけ、録音や電子的サウンドエフェクトなど新しい手法が使われた。アルトーは音楽家エドガー・ヴァレーズと親交があり、この近い時期にオペラの構想を二人で温めていたようであるから、このサウンドエフェクトがどんなものであったか想像に難くないが、残念ながらオペラは実現しなかった。アルトーが精神病院に監禁されたためだと思われる。

精神病院の監禁を解かれた後に行われたあのいわゆる伝説的なヴィユー＝コロンビエ座の講演会でのアルトーの「演劇的」（これは当時のほぼ悪口であったが、偏見のあまりピントがはずれていたとしか言いようがない）狼狽や混乱した振る舞いのことは言わないでおくとしても、「残酷の演劇」の観念と実践は、最晩年のラジオ・ドラマ「神の裁きと訣別するため」（河出文庫）で聞くことも読むこともできるし、彼の最後の部屋の棚には古代ギリシアの悲劇詩人エウリピデスの本があったのが当時の写真からもうかがえる。アルトーがベッドのそばで亡くなったとき手にしていた靴を含めて、アルトーは死ぬまで演劇のなかにいたかのようなのである。

『演劇とその分身』は、ほぼ同じ時期に書かれた小説『ヘリオガバルス　あるいは戴冠せるアナーキスト』（河出文庫）と同様に最初から最後まで古典的な文章で書かれており、晩年の著述に見られるような言語に加えられた拷問や破壊はまだ見られない。しかし、この本で言及された、呪文の形のもとに考察された分節言語の形而上学は後期のアルトーの言語感がすでに現れているのではないかと考えられるだけではなく、とりわけ本書に収められた「演劇とペスト」の章は、『ヘリオガバルス』と並んで異様な演劇的迫力があるのだし、アルトーのひとつの特異な戯曲のように読めるのではないかと私はあらためて思うのである。ルクレティウスの『事物の本性』を髣髴させるこんなタイプの文章はどんな脚本家にも書けるものではない。その意味でも、この本がフランス演劇界のみならず、すべてに対するアルトーの攻撃とやるせない焦燥に満ちたきわめて論争的な理論書であるばかりでなく、全体的な「演劇なるもの」をめぐるアントナン・アルトーの主著であることは間違いないと思われる。

追記——「残酷の演劇」がまず身体の演劇であることは言うまでもないが、その文字どおり見えない影響は、いまや現代の演劇よりはむしろ音楽、音の世界のなかにかなり純然たる形で散見されるように思われる。例えば、Marc Chalosse その他のミュージシャン・DJたちによるCD『Pour en finir avec le jugement de Dieu / Artaud Remix』や、日本の EP-4 unit3 による『À Artaud』である。それを最後につけ加えておきたい。いまでもアルトーの影響はそこかしこで小さくないことがわかる。

長年にわたる私のアルトー関係の仕事は、容易であるとは言えない仕事であったが、河出書房新社編集部の阿部晴政氏との共謀がなければ成立しなかった。共犯的感謝と敬意をこめてここにお礼を申し上げたい。

二〇一九年八月

Antonin Artaud
LE THÉÂTRE ET SON DOUBLE

演劇《えんげき》とその分身《ぶんしん》

二〇一九年一〇月一〇日　初版印刷
二〇一九年一〇月二〇日　初版発行

著　者　A・アルトー
訳　者　鈴木《すずき》創士《そうし》
発行者　小野寺優
発行所　株式会社河出書房新社
〒一五一―〇〇五一
東京都渋谷区千駄ヶ谷二―三二―二
電話〇三―三四〇四―八六一一（編集）
〇三―三四〇四―一二〇一（営業）
http://www.kawade.co.jp/

ロゴ・表紙デザイン　粟津潔
本文フォーマット　佐々木暁
本文組版　KAWADE DTP WORKS
印刷・製本　凸版印刷株式会社

Printed in Japan　ISBN978-4-309-46700-9

タラウマラ

アントナン・アルトー　宇野邦一〔訳〕　46445-9

メキシコのタラウマラ族と出会い、ペヨトルの儀式に参加したアルトーがその衝撃を刻印したテクスト群を集成、「器官なき身体」への覚醒をよびさまし、世界への新たな闘いを告げる奇跡的な名著。

ヘリオガバルス

アントナン・アルトー　鈴木創士〔訳〕　46431-2

狂気のかぎりを尽くしてローマ少年皇帝の生を描きながら「歴史」の秘めた力としてのアナーキーを現出させる恐るべき名作を新訳。来たるべき巨星・アルトーの代表作。

言説の領界

ミシェル・フーコー　慎改康之〔訳〕　46404-6

フーコーが一九七〇年におこなった講義録。『言語表現の秩序』を没後三十年を期して四十年ぶりに新訳。言説分析から権力分析への転換をつげてフーコーのみならず現代思想の歴史を変えた重要な書。

イデオロギーの崇高な対象

スラヴォイ・ジジェク　鈴木晶〔訳〕　46413-8

現代思想界の奇才が英語で書いた最初の書物にして主著、待望の文庫化。難解で知られるラカン理論の可能性を根源から押し広げてみせ、全世界に衝撃を与えた。

ピエール・リヴィエール　殺人・狂気・エクリチュール

M・フーコー編著　慎改康之／柵瀬宏平／千條真知子／八幡恵一〔訳〕　46339-1

十九世紀フランスの小さな農村で一人の青年が母、妹、弟を殺害した。青年の手記と事件の考察からなる、フーコー権力論の記念碑的労作であると同時に希有の美しさにみちた名著の新訳。

知の考古学

ミシェル・フーコー　慎改康之〔訳〕　46377-3

あらゆる領域に巨大な影響を与えたフーコーの最も重要な著作を気鋭が42年ぶりに新訳。伝統的な「思想史」と訣別し、歴史の連続性と人間学的思考から解き放たれた「考古学」を開示した記念碑的名著。

ベンヤミン・アンソロジー

ヴァルター・ベンヤミン　山口裕之〔編訳〕　46348-3

危機の時代にこそ読まれるべき思想家ベンヤミンの精髄を最新の研究をふまえて気鋭が全面的に新訳。重要なテクストを一冊に凝縮、その繊細にしてアクチュアルな思考の核心にせまる。

有罪者

ジョルジュ・バタイユ　江澤健一郎〔訳〕　46457-2

夜の思想家バタイユの代表作である破格の書物が五〇年目に新訳で復活。鋭利な文体と最新研究をふまえた膨大な訳注でよみがえるおそるべき断章群が神なき神秘を到来させる。

シモーヌ・ヴェイユ　アンソロジー

シモーヌ・ヴェイユ　今村純子〔編訳〕　46474-9

最重要テクストを精選、鏤骨の新訳。その核心と全貌を凝縮した究極のアンソロジー。善と美、力、労働、神、不幸、非人格的なものをめぐる極限的にして苛烈な問いが生み出す美しくきびしい生と思考の結晶。

偶像の黄昏

F・ニーチェ　村井則夫〔訳〕　46494-7

ニーチェの最後の著作が流麗で明晰な新訳でよみがえる。近代の偶像を破壊しながら、その思考を決算したニーチェ哲学の究極的な到達であると同時に自身によるニーチェ入門でもある名著。

人間の測りまちがい　上・下　差別の科学史

S・J・グールド　鈴木善次／森脇靖子〔訳〕　46305-6　46306-3

人種、階級、性別などによる社会的差別を自然の反映とみなす「生物学的決定論」の論拠を、歴史的展望をふまえつつ全面的に批判したグールド渾身の力作。

ロベスピエール／毛沢東　革命とテロル

スラヴォイ・ジジェク　長原豊／松本潤一郎〔訳〕　46304-9

悪名たかきロベスピエールと毛沢東をあえて復活させて最も危険な思想家が〈現在〉に介入する。あらゆる言説を批判しつつ、政治／思想を反転させるジジェクのエッセンス。独自の編集による文庫オリジナル。

アンチ・オイディプス　上・下　資本主義と分裂症

G・ドゥルーズ／F・ガタリ　宇野邦一〔訳〕　46280-6 46281-3

最初の訳から二十年目にして“新訳”で贈るドゥルーズ＝ガタリの歴史的名著。「器官なき身体」から、国家と資本主義をラディカルに批判しつつ、分裂分析へ向かう本書は、いまこそ読みなおされなければならない。

意味の論理学　上・下

ジル・ドゥルーズ　小泉義之〔訳〕　46285-1 46286-8

『差異と反復』から『アンチ・オイディプス』への飛躍を画する哲学者ドゥルーズの主著、渇望の新訳。アリスとアルトーを伴う驚くべき思考の冒険とともにドゥルーズの核心的主題があかされる。

記号と事件　1972−1990年の対話

ジル・ドゥルーズ　宮林寛〔訳〕　46288-2

『アンチ・オイディプス』『千のプラトー』『シネマ』などにふれつつ、哲学の核心、政治などについて自在に語ったドゥルーズの生涯唯一のインタヴュー集成。ドゥルーズ自身によるドゥルーズ入門。

差異と反復　上・下

ジル・ドゥルーズ　財津理〔訳〕　46296-7 46297-4

自ら「はじめて哲学することを試みた」著と語るドゥルーズの最も重要な主著、全人文書ファン待望の文庫化。一義性の哲学によってプラトン以来の哲学を根底から覆し、永遠回帰へと開かれた不滅の名著。

批評と臨床

ジル・ドゥルーズ　守中高明／谷昌親〔訳〕　46333-9

文学とは錯乱／健康の企てであり、その役割は来たるべき民衆＝人民を創造することなのだ。「神の裁き」から生を解き放つため極限の思考。ドゥルーズの思考の到達点を示す生前最後の著書にして不滅の名著。

千のプラトー　上・中・下　資本主義と分裂症

G・ドゥルーズ／F・ガタリ　宇野邦一／小沢秋広／田中敏彦／豊崎光一／宮林寛／守中高明〔訳〕　46342-1 46343-8 46345-2

ドゥルーズ／ガタリの最大の挑戦にして、いまだ読み解かれることのない二十世紀最大の思想書、ついに文庫化。リゾーム、抽象機械、アレンジメントなど新たな概念によって宇宙と大地をつらぬきつつ生を解き放つ。

哲学の教科書　ドゥルーズ初期

ジル・ドゥルーズ〔編著〕　加賀野井秀一〔訳注〕　46347-6

高校教師だったドゥルーズが編んだ教科書『本能と制度』と、処女作「キリストからブルジョワジーへ」。これら幻の名著を詳細な訳注によって解説し、ドゥルーズの原点を明らかにする。

ディアローグ　ドゥルーズの思想

G・ドゥルーズ／C・パルネ　江川隆男／増田靖彦〔訳〕　46366-7

『アンチ・オイディプス』『千のプラトー』の間に盟友パルネとともに書かれた七十年代ドゥルーズの思想を凝縮した名著。『千のプラトー』のエッセンスとともにリゾームなどの重要な概念をあきらかにする。

哲学とは何か

G・ドゥルーズ／F・ガタリ　財津理〔訳〕　46375-9

ドゥルーズ＝ガタリ最後の共著。内在平面―概念的人物―哲学地理によって哲学を総括し、哲学―科学―芸術の連関を明らかにする。限りなき生成／創造へと思考を開く絶後の名著。

ドゥルーズ・コレクション Ⅰ　哲学

ジル・ドゥルーズ　宇野邦一〔監修〕　46409-1

ドゥルーズ没後20年を期してその思考集成『無人島』『狂人の二つの体制』から重要テクストをテーマ別に編んだアンソロジー刊行開始。1には思考の軌跡と哲学をめぐる論考・エッセイを収録。

ドゥルーズ・コレクション Ⅱ　権力／芸術

ジル・ドゥルーズ　宇野邦一〔監修〕　46410-7

『無人島』『狂人の二つの体制』からのテーマ別オリジナル・アンソロジー。フーコー、シャトレ論、政治的テクスト、芸術論などを集成。ドゥルーズを読み直すための一冊。

ザッヘル＝マゾッホ紹介

ジル・ドゥルーズ　堀千晶〔訳〕　46461-9

サドに隠れていたマゾッホを全く新たな視点で甦らせながら、マゾッホとサドの現代性をあきらかにしつつ「死の本能」を核心とするドゥルーズ前期哲学の骨格をつたえる重要な名著。気鋭が四十五年目に新訳。

定本　夜戦と永遠　上

佐々木中　41087-6

『切りとれ、あの祈る手を』で思想・文学界を席巻した佐々木中の第一作にして主著。重厚な原点準拠に支えられ、強靭な論理が流麗な文体で舞う。恐れなき闘争の思想が、かくて蘇生を果たす。

定本　夜戦と永遠　下

佐々木中　41088-3

俊傑・佐々木中の第一作にして哲学的マニフェスト。厳密な理路が突き進められる下巻には、単行本未収録の新論考が付され、遂に定本となる。絶えざる「真理への勇気」の驚嘆すべき新生。

思想をつむぐ人たち　鶴見俊輔コレクション1

鶴見俊輔　黒川創〔編〕　41174-3

みずみずしい文章でつづられてきた数々の伝記作品から、鶴見の哲学の系譜を軸に選びあげたコレクション。オーウェルから花田清輝、ミヤコ蝶々、そしてホワイトヘッドまで。解題＝黒川創、解説＝坪内祐三

思索の淵にて

茨木のり子／長谷川宏　41438-6

ヘーゲル研究の第一人者・長谷川宏が、茨木の詩からおよそ三十篇を選び、それぞれに触発される思いをエッセイの形にまとめてゆく詩と哲学のデュオ。初めての文庫化。

過酷なるニーチェ

中島義道　41490-4

「明るいニヒリズム」の哲学者が「誰の役にもたたず、人々を絶望させ、あらゆる価値をなぎたおす」ニーチェに挑む。生の無意味さと人間の醜さの彼方に肯定を見出す真に過酷なニーチェ入門の決定版。

動きすぎてはいけない

千葉雅也　41562-8

全生活をインターネットが覆い、我々は窒息しかけている――接続過剰の世界に風穴を開ける「切断の哲学」。異例の哲学書ベストセラーを文庫化！　併録＊千葉＝ドゥルーズ思想読解の手引き

道徳は復讐である　ニーチェのルサンチマンの哲学

永井均　40992-4

ニーチェが「道徳上の奴隷一揆」と呼んだルサンチマンとは何か？　それは道徳的に「復讐」を行う装置である。人気哲学者が、通俗的ニーチェ解釈を覆し、その真の価値を明らかにする！

内臓とこころ

三木成夫　41205-4

「こころ」とは、内蔵された宇宙のリズムである……子供の発育過程から、人間に「こころ」が形成されるまでを解明した解剖学者の伝説的名著。育児・教育・医療の意味を根源から問い直す。

私が語り伝えたかったこと

河合隼雄　41517-8

これだけは残しておきたい、弱った心をなんとかし、問題だらけの現代社会に生きていく処方箋を。臨床心理学の第一人者・河合先生の、心の育み方を伝えるエッセイ、講演。インタビュー。没後十年。

こころとお話のゆくえ

河合隼雄　41558-1

科学技術万能の時代に、お話の効用を。悠長で役に立ちそうもないものこそ、深い意味をもつ。深呼吸しないと見落としてしまうような真実に気づかされる五十三のエッセイ。

カネと暴力の系譜学

萱野稔人　41532-1

生きるためにはカネが必要だ。この明快な事実から国家と暴力と労働のシステムをとらえなおして社会への視点を一新させて思想家・萱野の登場を決定づけた歴史的な名著。

考えるということ

大澤真幸　41506-2

読み、考え、そして書く――。考えることの基本から説き起こし、社会科学、文学、自然科学という異なるジャンルの文献から思考をつむぐ実践例を展開。創造的な仕事はこうして生まれる。

性愛論

橋爪大三郎　41565-9

ひとはなぜ、愛するのか。身体はなぜ、もうひとつの身体を求めるのか。猥褻論、性別論、性関係論からキリスト教圏の性愛倫理とその日本的展開まで。永遠の問いを原理的に考察。解説：上野千鶴子／大澤真幸

暴力の哲学

酒井隆史　41431-7

人はなぜ暴力を憎みながらもそれに魅せられるのか。歴史的な暴力論を検証しながら、この時代の暴力、希望と危機を根底から考える、いまこそ必要な名著、改訂して復活。

哲学史講義　I

G・W・F・ヘーゲル　長谷川宏〔訳〕　46601-9

最大の哲学者、ヘーゲルによる哲学史の決定的名著がついに文庫化。大河のように律動、変遷する哲学のドラマ、全四巻改訳決定版。『I』では哲学史、東洋、古代ギリシアの哲学を収録。

哲学史講義　II

G・W・F・ヘーゲル　長谷川宏〔訳〕　46602-6

自然とはなにか、人間とはなにか、いかに生きるべきか——二千数百年におよぶ西洋哲学を一望する不朽の名著、名訳決定版第二巻。ソフィスト、ソクラテス、プラトン、アリストテレスらを収録。

哲学史講義　III

G・W・F・ヘーゲル　長谷川宏〔訳〕　46603-3

揺籃期を過ぎた西洋哲学は、ストア派、新プラトン派を経て中世へと進む。エピクロス、フィロン、トマス・アクィナス……。哲学者たちの苦闘の軌跡をたどる感動的名著・名訳の第三巻。

哲学史講義　IV

G・W・F・ヘーゲル　長谷川宏〔訳〕　46604-0

デカルト、スピノザ、ライプニッツ、そしてカント……など。近代の哲学者たちはいかに世界と格闘したのか。批判やユーモアとともに哲学のドラマをダイナミックに描き出すヘーゲル版哲学史、ついに完結。